Robert Slater

Geldanlage
mit
George Soros

Die 24 geheimen Anlage-
und Wertpapierstrategien des
genialen Investors

Aus dem Amerikanischen
von Christa Edelmann

W0179532

Knaur

Die amerikanische Originalausgabe erschien
unter dem Titel »Invest First, Investigate Later«
bei IRWIN Professional Publishing

Besuchen Sie uns im Internet:
www.droemer-knaur.de

Vollständige Taschenbuchausgabe, ergänzt um eine »Checkliste
für Investoren« von Oliver Neumann, Februar 2000
Droemersche Verlagsanstalt Th. Knaur Nachf., München
Copyright © 1996 by Richard D. Irwin,
a Times Mirror Higher Education Group, Inc, Company
Copyright © 1998 der deutschsprachigen Ausgabe
bei Wirtschaftsverlag Carl Ueberreuter, Wien/Frankfurt
Die deutsche Originalausgabe erschien unter dem Titel
»Die 24 Geheimnisse des George Soros.
Anlegen wie eine lebende Legende«
Alle Rechte vorbehalten. Das Werk darf – auch teilweise –
nur mit Genehmigung des Verlages wiedergegeben werden.
Umschlaggestaltung: Agentur ZERO, München
Satz: Ventura Publisher im Verlag
Druck und Bindung: Ebner Ulm
Printed in Germany
ISBN 3-426-82313-6

5 4 3 2 1

Inhalt

Der Starinvestor George Soros

Bis zum Herbst 1992 war George Soros abgesehen von Börse-Insidern nur wenigen Menschen ein Begriff. Heute wird er als Superstar der Finanzwelt gehandelt. Man kennt ihn als jenen Mann, »der die Bank von England in die Knie zwang« und über Nacht knapp eine Milliarde Dollar verdiente, nachdem er richtig eingeschätzt hatte, daß Großbritannien das Pfund abwerten würde. Soros eilt auch der Ruf voraus, er könne Finanzmärkte bewegen. Zwar gibt es ein paar Zweifler, die nicht glauben können, daß ein Mensch allein Märkte beeinflussen kann – nicht einmal ein George Soros –, doch glauben genug Leute an Soros' Fähigkeiten und erheben ihn damit zur Legende.

Unbestritten nimmt George Soros den Rang des weltweit berühmtesten Investors ein. Kein anderer hat über einen so langen Zeitraum hinweg so hervorragende Ergebnisse erzielt wie der in Budapest geborene Soros. Seit 1969, dem Gründungsjahr seines Quantum-Fonds, hat Soros mit seinen Investitionen einen unglaublichen Rekord aufgestellt. Ein im Jahr 1969 in den Quantum-Fonds angelegter Betrag von 1000 Dollar wäre bei Wiederanlage der Dividenden bis 1995 auf 2 150 000 Dollar angewachsen. Ob in der Wall Street oder in der Londoner City: Viele nehmen Soros zum Vorbild und wollen hinter die Geheimnisse seiner Wertpapierstrategien kommen.

Das Buch *Geldanlage mit George Soros* gewährt einen Einblick in Soros' Anlagestrategien. Viele dieser strategischen Ansätze sind für den Kleinanleger ebenso anwendbar wie für einen George Soros. Soros' Kniffe zu kennen ist sicherlich keine Garantie dafür, über Nacht eine Milliarde Dollar zu verdienen. Doch hat man sich erst einmal ein Bild von der Arbeitsweise George Soros' verschafft, kann man ein gewisses Gespür für das Geschehen an den Finanzmärkten entwickeln und diese sorgfältiger und richtiger einschätzen.

Einen besseren Lehrmeister als George Soros gibt es nicht. Seit dem Jahr 1969 hat er eine Zuwachsrate von 35 Prozent erzielt – das beste Ergebnis in der Branche. Hätte er dieses Resultat mit einem Fonds in Höhe von 50 bis 100 Millionen Dollar erbracht, so wäre jedermann von diesem Bravourstück beeindruckt gewesen. Daß ihm diese Leistung jedoch mit einem Milliarden-Dollar-Portefeuille gelungen ist, hat an der Wall Street Aufsehen erregt und ihm Hochachtung eingebracht. Soros' spektakulärstes Jahr war 1993. Sein persönlicher Gewinn belief sich damals auf die Rekordhöhe von 1,1 Milliarden Dollar – kein Amerikaner hat in einem einzigen Jahr jemals mehr verdient –, und sein Quantum-Fonds legte im selben Jahr 61,5 Prozent zu.

Nur einmal, 1981, wies Soros' Fonds einen Verlust aus. Ein hartes Jahr hatte der Fonds mit bescheidenen 3,9 Prozent Ertrag auch 1994 durchzustehen, jedoch lag er im Vergleich zu anderen Hedge-Fonds, die teilweise um bis zu 30 Prozent abgesackt waren, deutlich besser. 1995 war ein günstigeres Jahr für den Soros-Fonds: per September hatte er bereits 24 Prozent zugelegt.

Der Quantum-Fonds ist einer der ersten Offshore-Fonds (»offshore« bedeutet hier: mit Sitz außerhalb der USA) mit freiem Zugang für nichtamerikanische Investoren. Dies unterscheidet ihn von anderen Offshore-Fonds, die durch das amerikanische Gesetz auf 99 Anleger beschränkt sind und üblicherweise eine Mindestanlage von einer Million Dollar vorschreiben. Der Quantum-Fonds ist auch der erfolgreichste unter der relativ neuen Gattung der Hedge-Fonds, dieser geheimnisumwitterten exklusiven Zusammenschlüsse reicher Leute, die es Vermögensverwaltern wie Soros ermöglichen, mit ihrem Geld unglaubliche Risiken einzugehen, um auf diese Weise noch reicher zu werden. Um sich als Mitglied des Quantum-Fonds zu qualifizieren, muß ein Investor den Mindestbetrag von einer Million Dollar auf den Tisch legen.

Soros wurde im Jahr 1930 als Sohn einer jüdischen Familie der oberen Mittelschicht geboren. Als die Nazis 1944 Budapest besetzten, hielt er sich an verschiedenen Orten versteckt. Nach dem Krieg verließ Soros Ungarn auf eigene Faust und zog nach London, wo er an der London School of Economics Wirtschaftswissenschaften studierte und sein Studium im Jahr 1952 erfolgreich abschloß. Er selbst sah sich allerdings eher als angehenden Philosophen. Nach einigen Lehrjahren bei britischen Wertpapierhäusern verschlug es ihn nach New York, wo er bei diversen Broker-Firmen, wie F. M. Mayer, Wertheim & Co. und Arnhold & S. Bleichroeder, europäische Wertpapiere verkaufte.

Bei Arnhold & S. Bleichroeder tat sich Soros mit James B. Rogers jr., einem jungen Yale-Absolventen aus Alabama, zusammen und gründete den Quantum-Fonds. Die Stärke Soros' bestand in seinem Gespür für solide Anlageideen; ausgestattet mit einem Anfangsvermögen von 250 000 Dollar im Jahr 1970, wuchs das Fondsvermögen innerhalb eines Jahrzehnts auf 381 Millionen Dollar an. Das Privatvermögen George Soros' wurde zum damaligen Zeitpunkt auf 100 Millionen Dollar geschätzt.

Als Hedge-Fonds Jahre zuvor zum erstenmal aufkamen, entwickelte eine kleine Gruppe von Fonds-Managern eine Strategie, diverse Aktien zu kaufen und andere wiederum »short«, das heißt »leer« zu verkaufen. Diese Fonds waren »gehedged«, also abgesichert, denn die Portefeuilles enthielten zum einen Teil Aktien, die von einer positiven Kursentwicklung profitieren, zum anderen sogenannte »short positions«, Leerverkaufspositionen, mit denen man aus Kursrückgängen gewinnen konnte.

Soros und eine Reihe weiterer Hedge-Fonds-Manager gingen von dieser Strategie ab und erweiterten ihr Aktionsfeld über den US-Aktienmarkt hinaus. Sie setzten auf breite, globale Bewegungen der Aktienmärkte, Zinsen- und Devisenkurse. Anstatt lediglich mit Aktien zu arbeiten, spekulierten sie in zunehmendem Maße auf die Gesamtrichtung der Finanzmärkte. An einem durchschnittlichen Handelstag kauften und verkauften die Soros-Fonds Wertpapiere für 750 Millionen Dollar. Der Fonds verkauft leer, bedient sich komplex strukturierter Finanzinstrumente und nimmt enorme Summen auf – Instrumente, die dem durchschnittlichen Anleger weitgehend verwehrt sind.

Nach den meisten Berichten besaß Soros ein Drittel der Quantum-Fonds. Doch ungeachtet seiner finanziellen Erfolge in den siebziger und achtziger Jahren, blieb er eine geheimnisumwitterte Gestalt. Das ist wohl darauf zurückzuführen, daß er – wie so viele andere Persönlichkeiten an der Wall Street – unbeirrbar glaubt, Publicity sei Gift für jeden Investor. Dann jedoch trat ein Ereignis ein, das Soros über Nacht zur Branchenberühmtheit werden ließ. Das war im September 1992, als er treffsicher spürte, daß Großbritannien aufgrund seiner immer flauer werdenden Wirtschaftslage zu einer Abwertung des britischen Pfundes gezwungen sein würde. Er ging eine Position in der Höhe von 10 Milliarden Dollar unter der Prämisse der Pfundabwertung ein. Ein Großteil der Mittel stammte aus seinem Fonds, der Rest aus Krediten. Als das Pfund am 15. September 1992 dann tatsächlich abgewertet wurde, verdiente Soros knapp eine Milliarde Dollar.

Es dauerte eine Weile, bis die Nachricht von Soros' Coup an die Öffentlichkeit drang; dann jedoch, Ende Oktober, wurde er über Nacht zum Superstar. Die Londoner *Daily Mail* titelte in Balkenlettern: »I Made a Billion As the Pound Crashed«. Die Medien konnten von Soros gar nicht genug bekommen. Er hatte laut Ansicht einer Tageszeitung »die schnellste Milliarde in der Geschichte« gemacht. Fleet Street titulierte ihn als »jenen Mann, der die Bank von England knackte«. Selbst wenn er gewollt hätte, wäre es Soros nun nicht mehr möglich gewesen, sich in sein Schneckenhaus zurückzuziehen. Er hatte an einem einzigen Tag mehr verdient als die meisten Leute in tausend Leben. Der Coup vom September 1992 katapultierte ihn für das Jahr 1992 an die Spitze der von *Financial World* alljährlich veröffentlichten Liste der Bestverdiener an der Wall Street: Mit seinem in diesem Jahr erzielten Gewinn von 650 Millionen Dollar übertraf er die Rekordsumme von 550 Millionen Dollar des Junk-Bond-Kaisers Michael Milken aus dem Jahr 1987.

Von Zeit zu Zeit spricht George Soros über seine Anlagestrategien und Investment-Gepflogenheiten. Meist beschränkt er sich auf Allgemeines und weigert sich, konkret zu werden, als ob er fürchtete, Geheimrezepte zum Erzielen hoher Gewinne preiszugeben. Dennoch hat er uns einen ausreichenden Orientierungsplan zur Verfügung gestellt, so daß wir seine Anlagemethoden, seine Wege der Entscheidungsfindung und jene Strategien beschreiben können, die in seinem Fall aufzugehen scheinen.

In diesem Buch sind die 24 Wertpapierstrategien des Starinvestors George Soros zusammengefaßt.

Anlagestrategie

1

Bedenken Sie:
Ihre Sicht der Realität
ist verzerrt

Um zu verstehen, wie George Soros an den Finanzmärkten operiert, muß man sich mit seinen philosophischen Ansichten auseinandersetzen.

Seit seiner Studentenzeit in London Anfang der fünfziger Jahre interessiert sich Soros für philosophische Fragen, beispielsweise: »Wie funktioniert die Welt?«, »Wie können wir die Funktionsweise der Welt verstehen?«, »Kann man sich solches Wissen überhaupt aneignen?« Soros stellt diese Fragen, weil er in jungen Jahren ernsthafte Ambitionen hegte, Philosoph zu werden. Viel Geld zu verdienen lag nicht in seiner Absicht.

Viele Menschen stellen dieselben Fragen: »Was ist der Sinn des Lebens?«, »Wozu bin ich auf der Welt?«, »Wie spielen die einzelnen Einheiten zusammen – die großen Einheiten, wie das Universum, das menschliche Denken und Wissen, die Menschheit?« Die meisten Leute überlegen sich solche Fragen einen kurzen Augenblick lang, vielleicht auch zwei, um sich sogleich wieder praxisnäheren Aufgaben zuzuwenden, beispielsweise den Lebensunterhalt zu verdienen oder eine Familie zu gründen und Kinder großzuziehen. Die großen Fragen überlassen sie den Philosophen – die Antworten darauf halten sie ohnedies für nicht sehr aufschlußreich.

Anders George Soros. Er wollte Philosoph werden. Er wollte unbedingt eine Antwort auf diese Fragen finden. Seine Bereitschaft, so gewichtigen Themen auf den Grund zu gehen, überrascht allerdings nicht, denn als Kind hatte er sich doch tatsächlich für eine Art Gott mit allen Folgen eines solchen göttlichen Anspruchs gehalten. Als College-Student ließ er sich leicht in den Bann von Philosophieprofessoren ziehen, die sich endlos über jene Fragen ausließen, denen sein Hauptinteresse galt. Von seiten der Professoren waren keine großen Anstrengungen erforderlich, um in ihm den brennenden Wunsch zu entfachen, ein großes philosophisches System zu entwickeln.

Ein derartiges philosophisches System hätte der Menschheit vielleicht einen Nutzen gebracht. Hätte es weltweit Anklang gefunden, so hätte George Soros unter Umständen auch selbst davon profitiert. Allerdings kam es ihm, wenn er in seinen jungen Jahren philosophierte, ganz und gar nicht in den Sinn, damit ein Vermögen zu schaffen. Zunächst sah er keinen Zusammenhang zwischen den Welten der Philosophie und der Hochfinanz. Er wollte ganz einfach die Menschheit in ihrem Wissen voranbringen. Den einzigen Weg, dieses hehre Ziel zu erreichen, sah Soros darin, mit den grundlegendsten Fragen der Menschheit zu beginnen – mit der Infragestellung der menschlichen Existenz. Rasch erkannte er sein eigenes Verständnis des Daseins als das Hauptproblem in dem Prozeß, sich mehr Wissen über die menschliche Existenz anzueignen.

Er war noch nicht sehr weit vorgedrungen, da gelangte er zu einer dramatischen Schlußfolgerung: daß die Aufgabe, die Geheimnisse des Lebens zu entschlüsseln, praktisch unlösbar ist. Und zwar ganz einfach deshalb, weil wir, selbst um einen ersten Schritt in der Untersuchung der Frage tun zu können, wer bzw. was wir sind und wie wir etwas über unsere Existenz in Erfahrung bringen können, in der Lage sein müssen, uns selbst objektiv zu betrachten. Dazu sind wir bedauerlicherweise nicht imstande.

Soros schloß aus seinen Überlegungen – und diese Schlußfolgerung spielt sowohl in seiner Philosophie als auch in seiner Einstellung zu den Finanzmärkten eine zentrale Rolle –, daß unser Denken in untrennbarem Zusammenhang mit unseren Denkinhalten steht. Demgemäß ist es uns im Rahmen unseres Denkprozesses nicht möglich, einen unabhängigen Standpunkt einzunehmen, von dem aus wir das Dasein beurteilen oder verstehen können.

Bedingt durch die mangelnde Fähigkeit des Menschen, solch einen unabhängigen Standpunkt einzunehmen, ist er folglich auch nicht fähig, aus seiner Haut zu schlüpfen und die Welt unverzerrt zu betrachten. Der Gedanke, vollkommenes Wissen sei erreichbar, ist daher nach Soros' Meinung bestenfalls fragwürdig, denn, wann immer man versucht, eine Situation zu verstehen, an der man selber teilnimmt, wird dieses Verständnis das Wissen nicht vermehren. Anfang der fünfziger Jahre gelangte Soros zu dem Schluß, daß vor allem unsere Auffassung dieser Welt – also unsere Suche nach dem Sinn und Zweck unseres Daseins – fehlerhaft oder verzerrt ist.

Soros folgerte daraus, daß ihm in Anbetracht der dem menschlichen Wissen gesetzten Grenzen praktisch nur eines zu tun verbliebe: sich auf die Bedeutung dieser verzerrten oder fehlerhaften Wahrnehmungen und ihre Auswirkungen auf alle erdenklichen Ereignisse zu konzentrieren. Diese Schlußfolgerung steht im Mittelpunkt seiner Finanzstrategien.

Anlagestrategie

2

Berücksichtigen Sie die Erwartungen des Marktes

Die klassische Nationalökonomie hat lange Zeit an das Modell des Marktgleichgewichts geglaubt. Auf Basis dieses Konzeptes hat die Wirtschaftswissenschaft schließlich ihre Theorie des vollkommenen Wettbewerbs postuliert. Dieser zufolge führt das Eigeninteresse, wenn man ihm keinerlei Beschränkungen auferlegt, unter gewissen Bedingungen zur optimalen Ressourcenallokation.

Der Gleichgewichtszustand tritt dann ein, wenn alle Unternehmen an jenem Punkt produzieren, an dem die Grenzkosten dem Marktpreis entsprechen, und jeder Verbraucher eine Menge kauft, deren Grenznutzen gleich dem Marktpreis ist. Gemäß diesem Ansatz wird jeder profitieren, solange weder Käufer noch Verkäufer den Marktpreis beeinflussen.

Gleichgewicht, sagt George Soros, ist im wahren Leben nicht anzutreffen, schon gar nicht auf den Finanzmärkten. Dort schwanken die Marktpreise so beträchtlich, daß der Begriff des vollkommenen Wettbewerbs fehl am Platz ist. Die Voraussetzung für vollkommenen Wettbewerb wäre, wie Soros meint, vollkommenes Wissen, und das ist nicht möglich, »denn das Verständnis einer Situation, an der man selber teilnimmt, kann nicht als Wissen gewertet werden«. Er hinterfragt moderne Wirtschaftstheorien, die sich auf den Standpunkt stellen, die Hauptaufgabe der Wirtschaftswissenschaft sei in der Erforschung der Zusammenhänge zwischen Angebot und Nachfrage zu suchen, nicht jedoch in der Untersuchung von Angebot und Nachfrage an sich. Des weiteren stellt er die Behauptung der

Vertreter dieser wirtschaftswissenschaftlichen Richtung in Frage, die Nachfrage- und Angebotskurven sollten als gegeben betrachtet werden. Das würde – unrichtigerweise, wie Soros meint – bedeuten, daß die Marktteilnehmer, die in Einklang mit ihrer Präferenzenskala zwischen verschiedenen Alternativen wählen können sollten, diese Präferenzen und Alternativen auch kennen. Der Verlauf der Angebots- und Nachfragekurven kann nach Auffassung Soros' nicht als gegeben angenommen werden, da beide Kurven die Erwartungen der Marktteilnehmer hinsichtlich der zukünftigen Ereignisse einbeziehen, die wiederum von genau diesen Erwartungen beeinflußt werden.

Wenn Investoren ihren Blick auf die Finanzmärkte richten, spielen Erwartungen eine bedeutende Rolle. Jede Kauf- und Verkaufsentscheidung stützt sich auf Kurserwartungen; die zukünftigen Kurse hängen von den in der Gegenwart getroffenen Kauf- und Verkaufsentscheidungen ab. Aus diesem Grund, meint Soros, kann man nicht davon ausgehen, daß Angebot und Nachfrage ausschließlich von – unabhängig von den Erwartungen der Marktteilnehmer wirkenden – externen Einflußfaktoren bestimmt werden.

Den Anhängern der klassischen Nationalökonomie mag der Gedanke, daß Angebot und Nachfrage von Marktereignissen beeinflußt werden sollen, absurd erscheinen. Schließlich meinen die Vertreter dieser Theorie, daß der Verlauf der Angebots- und Nachfragekurven den Marktpreis bestimmt. Soros hingegen ist überzeugt, daß Angebot und Nachfrage von den Einflüssen des Marktes abhängen – und das führt nicht zum Gleichgewichtspreis, sondern löst Preisschwankungen aus.

Soros: »Jeder, der auf Märkten handelt, auf denen sich die Preise laufend ändern, weiß, daß die Marktteilnehmer von den Marktentwicklungen stark beeinflußt werden.« Steigende Kurse locken nicht nur Käufer an; der Kauf selbst trägt zum Kursanstieg bei, der Trend verstärkt sich also selbst. Würden Angebot und Nachfrage von in keinerlei Zusammenhang mit Marktpreisen stehenden Faktoren abhängen, so gäbe es keine sich selbst verstärkenden Trends.

Nach Soros' Meinung charakterisiert dieses gewissermaßen paradoxe Verhalten sämtliche Finanzmärkte. Seiner Auffassung nach federn die Märkte künftig eintretende Preisschwankungen ab, indem sie sie antizipieren. Gute Beispiele dafür seien der Aktienmarkt, ebenso die Devisenmärkte, das Bankgeschäft und jede Form der Kreditgewährung. »Kurzum«, stellt Soros fest, »die Marktentwicklungen bestimmen die Entwicklung der Angebots- und Nachfragebedingungen, nicht umgekehrt.«

Anlagestrategie

3

Berücksichtigen Sie die Ineffizienz der Märkte

Auch wenn George Soros mit dem Gedanken liebäugelte, Philosoph zu werden, wußte er doch, daß er seinen Lebensunterhalt verdienen mußte.

Also wurde er Finanzanalyst. Er erkannte, daß ihm die Finanzwelt nicht nur zu einem Einkommen verhalf, sondern daß er sie auch als eine Art Versuchsgelände für seine Theorien nützen konnte. Wenn er die Gültigkeit seiner Theorien im finanzwirtschaftlichen Kontext darstellen könnte, würde er vielleicht auch in der Lage sein, ihre Allgemeingültigkeit unter Beweis zu stellen.

Sein Ziel war, herauszufinden, ob seine Annahme, alle Wahrnehmungen seien verfälscht und verzerrt, überhaupt Gültigkeit besaß. Dann traf er eine gewissermaßen schicksalsträchtige Entscheidung und behauptete, die Leute würden die Finanzmärkte letztendlich durch ein verzerrendes Objektiv betrachten. Im wesentlichen stellte sich Soros die Frage: Eignet sich diese Theorie als Methode, um festzustellen, wie die Finanzmärkte funktionieren?

Soros wußte genau, daß Gedanken dieser Art in krassem Gegensatz zu der unter den Finanzmarktanalysten vorherrschenden Meinung standen. Denn diese neigen als Befürworter der »Efficient market«-Theorie zu der Auffassung, das Marktgeschehen folge einer Logik oder Rationalität. Ihre Denkweise stützt sich auf die Lehren der klassischen Nationalökonomie, die darauf aufbauen, daß die Finanzmärkte sich auf den Gleichgewichtszustand hinbewegen. Da die Märkte nach der klassischen Lehre das

Gleichgewicht auch erreichen, kann davon ausgegangen werden, daß vollkommenes Wissen und vollkommener Wettbewerb erreichbar sind.

Die Befürworter der »Efficient market«-Theorie halten es daher tatsächlich für möglich, haltbare Prognosen über die Märkte abgeben zu können. Vorausgesetzt, man hat das geeignete Analyseinstrument zur Verfügung und einen Zugang zu den richtigen Informationen. Sie stützen ihre Theorien auf zwei Prämissen: erstens, daß man sich das vollkommene Verständnis der Finanzmärkte zu jedem beliebigen Zeitpunkt aneignen kann; und zweitens, daß die Aktienkurse alle verfügbaren Informationen widerspiegeln.

Der Glaube, die Märkte würden nach einer bestimmten Logik funktionieren, ist für diese Leute tröstlich. Eine andere Denkart würde die Marktteilnehmer zu sehr beunruhigen und nervlich belasten, von den Risikolasten ganz zu schweigen. Die Vorstellung, mit entsprechendem Arbeitseinsatz, solider Analyse und Zugang zu geeigneten Informationsquellen könne man das Verhalten der Aktienkurse exakt einschätzen, schafft Wohlbefinden.

Da die Anleger nach Meinung dieser Rationalisten in der Lage sind, sich vollkommenes Wissen über ein Unternehmen anzueignen, vertreten sie auch die Auffassung, jede Aktie sei zum genau richtigen Kurs bewertet. Der Kurs jeder Aktie sei also das Ergebnis einer Reihe rationaler Berechnungen, die, wenn sie richtig durchgeführt wurden, den »richtigen« Kurs ergeben, sehr ähnlich dem Lösungsvorgang eines mathematischen Problems. Die »Efficient market«-Lehre geht davon aus, daß jeder, der diese Regeln befolgt, aus den ihm zur Wahl stehenden Aktien die besten auswählen wird. Die Aktienkurse werden weiterhin fest an die Einschätzungen der zukünftigen Gewinne eines

Unternehmens gebunden sein – anders ausgedrückt: die rationale Beziehung bleibt aufrecht.

Diese Hypothese der effizienten Märkte klingt simpel; gerade ihre Einfachheit macht sie zu einer der populärsten Theorien über die Funktionsweise des Aktienmarktes. George Soros hielt sie nicht nur für zu simpel; er hielt sie schlichtweg für falsch.

Durch Einnahme eines konträren Standpunktes in bezug auf die Funktionsweise der Finanzmärkte hoffte Soros, Beweise für seine Überzeugung liefern zu können, daß die Welt kaum rational agiert, daß es unmöglich ist, etwas vollkommen zu verstehen, auch nicht die Finanzmärkte. Kurzum: er wollte beweisen, daß alle jene Analysten mit ihrer Ansicht über die Ursachen für das Steigen oder Fallen von Aktienkursen falsch liegen.

Anlagestrategie

4

**Achten Sie auf den
Unterschied zwischen
Wahrnehmung und
Wirklichkeit**

Soros geht hinsichtlich der Funktionsweise der Finanzmärkte von anderen Annahmen aus.

Erstens gibt es für ihn in bezug auf das Marktgeschehen keinerlei Rationalität oder Logik. Wenn, wie er postuliert, unsere sämtlichen Wahrnehmungen verzerrt oder verfälscht sind, wird es uns auch nicht möglich sein, die Märkte vollkommen zu verstehen, und wir werden uns auch nicht jene vollkommene Information beschaffen können, die uns bei der Einschätzung der zukünftigen Aktienkurse hilfreich wäre.

In der realen Welt, so betont Soros mit Nachdruck, können die Menschen bestimmte Dinge nur unzureichend verstehen. Er drückte das so aus:

> »Die wesentliche Erkenntnis, die ich zum Verständnis der allgemeinen Zusammenhänge beitragen kann, betrifft die Rolle, die das unvollkommene Verstehen in der Ausgestaltung der Ereignisse spielt. Die klassische Nationalökonomie stützt sich auf die Gleichgewichtstheorie, auf das Gleichgewicht zwischen Angebot und Nachfrage. Wenn Sie sich allerdings das Ausmaß und die Bedeutung unseres unvollkommenen Verständnisses der Zusammenhänge vor Augen führen, wird Ihnen nicht entgehen, daß Sie es mit einem Zustand des Ungleichgewichts zu tun haben.«

In der Realität wird die Entscheidung über einen Aktienkauf oder -verkauf – bzw. werden sonstige Kauf- oder Verkaufsentscheidungen – nach Meinung George Soros' nicht auf Basis des Idealzustandes eines auf den Finanzmärkten herrschenden Gleichgewichtes getroffen, sondern vielmehr aus der Vorstellung heraus, die Märkte befänden sich in einem Zustand des Ungleichgewichts. Würde auf den Finanzmärkten Gleichgewicht herrschen, stellt sich für Soros die Frage, warum denn dann die Kurse schwanken, und zwar ohne erkennbare Logik? Da die Teilnehmer an den Finanzmärkten unterschiedliche Einstellungen und Erwartungen haben, kann kein Gleichgewicht herrschen. Den Gleichgewichtszustand zu postulieren wäre nach Soros' Ansicht aus folgendem Grund falsch: Die eigenen Erwartungen werden stets im Zuge der Bewegung in Richtung auf dieses Gleichgewicht eingeholt, und da sich die subjektive Einstellung und die Erwartungen im Laufe eines Prozesses ändern können, ist es nicht möglich, sich auf ein »Ziel« zu fixieren.

Finanzmärkte funktionieren in einem Zustand des Ungleichgewichts, und es wird immer Diskrepanzen zwischen den Wahrnehmungen der Teilnehmer und den tatsächlichen Ereignissen geben. Ist die Diskrepanz vernachlässigbar, so besteht kein Anlaß zur Sorge, denn hier ändern sich die Auffassungen der Teilnehmer nicht. Starke Diskrepanzen müssen hingegen berücksichtigt werden, denn sie beeinflussen die Einschätzungen.

Anlagestrategie

5

Erkennen Sie den Zusammenhang zwischen Menschen und Ereignissen

Wer meint, das Wirtschaftsleben sei rational und logisch, vertritt auch die Auffassung, auf den Finanzmärkten gebe es keine Diskrepanzen – die Märkte würden immer »richtig« reagieren: richtig in dem Sinn, daß die auf den Märkten gebildeten Kurse zukünftige Entwicklungen vorwegnehmen – oder enthalten –, auch wenn Unklarheit über diese Entwicklungen herrscht. Viele Anleger sind überzeugt, daß sie künftige Marktentwicklungen vorwegnehmen – sprich diskontieren –, zukünftige Ereignisse schon im Vorfeld einplanen können.

Soros hält dies für unmöglich: »Jede Vorstellung darüber, was die Zukunft bringen wird, muß schon an sich mit Vorurteilen behaftet und parteiisch sein. Ich glaube nicht, daß Fakten und Meinungen autonom existieren. Im Gegenteil, in meiner Reflexivitätstheorie versuche ich darzustellen, daß Meinungen die Fakten zu ändern pflegen.«

Die Marktpreise sind infolgedessen deshalb nicht »richtig«, weil sie die möglichen und realen Auswirkungen zukünftiger Entwicklungen außer acht lassen. Marktpreise sind immer »falsch«, denn sie stellen keine rationale Sicht der Zukunft dar, sondern repräsentieren eine voreingenommene Betrachtungsweise.

»Allerdings wirkt die Verzerrung in beide Richtungen«, behauptet Soros. »Die Marktteilnehmer agieren nicht nur mit einer vorgefaßten Meinung, diese wird unter Umständen sogar den Lauf der Ereignisse beeinflussen. Dadurch mag der Eindruck entstehen, die Märkte würden die zukünftigen Entwicklungen exakt vorwegnehmen. Tatsächlich aber stimmen die gegenwärtigen Erwartungen mit den zukünftigen Ereignissen nicht überein – diese werden vielmehr durch die gegenwärtigen Erwartungen geschaffen. Die Wahrnehmungen der Marktteilnehmer sind schon an sich verfälscht. Zwischen diesen verfälschten Wahrnehmungen und der tatsächlichen Entwicklung der Ereignisse findet nun ein gegenseitiger Austausch statt, wobei die Übereinstimmung zwischen den beiden Komponenten letztlich fehlt. Ich nenne diesen Austausch in beide Richtungen ›Reflexivität‹.«

Soros ist überzeugt davon, daß das Verhalten der Finanzmärkte nicht durch die »Efficient market«-Hypothese erklärt werden kann, sondern eine reflexive Beziehung zwischen der Haltung der einzelnen Anleger und dem tatsächlichen Ablauf der Ereignisse, anders ausgedrückt, den wirtschaftlichen Grundlagen der Unternehmen darstellt.

Anlagestrategie

6

Betreiben Sie Meinungsforschung

Märkte sind ihrem Wesen nach instabil. Verursacht wird diese Instabilität durch unsere Wahrnehmungen. Genauer gesagt, durch unsere verfälschten oder durch Vorurteile oder die subjektive Einstellung verzerrte Wahrnehmungen.

Wie die Anleger eine Aktie einschätzen, ob positiv oder negativ, läßt laut George Soros den Kurs steigen oder fallen. Diese persönliche Meinung der Anleger wirkt als »sich selbst verstärkender« Faktor, der in der Folge durch Wechselwirkungen mit den zugrundeliegenden Trends die Anlegererwartungen beeinflußt. Der Kurs einer Aktie bildet sich nicht als präzise Reaktion auf zugängliche Informationen, sondern vielmehr durch Wahrnehmungen, die zu gleichen Teilen das Ergebnis von Emotionen wie auch von harten Daten darstellen. Die auf diese Weise ausgelöste Kursbewegung könnte das Management eines Unternehmens zu Rückkäufen von Aktien oder zu einer Fusion, zu einer Akquisition oder einem Buyout veranlassen, was sich wiederum auf die Fundamentaldaten der Aktie auswirken würde.

Soros' Theorie schließt auch die Idee ein, bei den von den Anlegern bezahlten Kursen könne es sich nicht einfach um passive Wertreflexionen handeln; vielmehr würden diese eine aktive Rolle bei der Bewertung der Aktie spielen. Dieses beidseitige Feedback zwischen Wahrnehmung und Wirklichkeit – Soros nennt es »Reflexivität« – ist ein Schlüssel zu seiner Theorie.

Um eine solide Wirtschaftstheorie aufstellen zu können,

sind zunächst die »Fakten« zu ermitteln. Haben Ereignisse denkende Teilnehmer, so beschränkt sich das zu untersuchende Thema laut Soros nicht mehr nur auf Fakten, »sondern es schließt auch die Wahrnehmungen der Teilnehmer ein. Die Kausalitätskette führt nicht direkt von einem Faktum zum nächsten, sondern von einem Faktum zu einer Wahrnehmung und von dieser Wahrnehmung erst wieder zu einem Faktum.«

Ein weiterer Schlüssel zu Soros' Theorie liegt in der Bedeutung von falschen Vorstellungen oder vorgefaßten Meinungen und deren Einflüssen auf die Entwicklung von Ereignissen. Wenn Soros über falsche Vorstellungen spricht, meint er in Wirklichkeit eine Diskrepanz zwischen den Wahrnehmungen der Marktteilnehmer und den Ergebnissen von Marktvorgängen. Die Teilnehmer an den Finanzmärkten können ihre Betrachtungen nicht nur auf Fakten beschränken. Vielmehr müssen sie die Meinung jedes einzelnen Marktteilnehmers – einschließlich ihrer eigenen – in Betracht ziehen. Da die Denkweise der Marktteilnehmer nicht mit den Fakten übereinstimmt, herrscht Ungewißheit. Wegen dieser Ungewißheit entdeckt man nahezu immer eine Diskrepanz – also keine Übereinstimmung – zwischen den Wahrnehmungen der Marktteilnehmer und dem (tatsächlichen) Resultat. Bei dieser Diskrepanz handelt es sich, anders ausgedrückt, um falsche Vorstellungen oder Fehleinschätzungen.

Falsche Vorstellungen bzw., wie Soros sie manchmal zu bezeichnen pflegt, Divergenzen zwischen der Meinung eines Marktteilnehmers und der tatsächlichen Lage der Dinge, bestehen immer. Gelegentlich ist die Divergenz geringfügig und kann sich selbst korrigieren. Soros bezeichnet diese Situation als »Nahezu-Gleichgewicht«. In anderen Fällen ist die Divergenz bedeutend und gleicht sich nicht von selbst aus. Diese Situation benennt er als »Zustand fernab des Gleichgewichtes«.

Handelt es sich um eine bedeutende Divergenz, so liegen Wahrnehmung und Realität weit auseinander, und es gibt keinen Mechanismus, der die beiden näher zusammenrücken könnte. In der Tat sind hier Kräfte im Spiel, die die Kluft zwischen Wahrnehmung und Realität weiter auseinanderdriften lassen. Diese Situationen fernab vom Gleichgewichtszustand treten in zweierlei Gestalt auf.

Der eine Extremfall ist ein Zustand der Stabilität – obwohl Wahrnehmungen und Realität weit auseinanderliegen. An stabilen Zuständen ist Soros als Investor nicht interessiert. Am anderen Extrem herrscht Instabilität, und die Ereignisse überstürzen sich dermaßen, daß die Marktteilnehmer mit ihren Betrachtungen nicht Schritt halten können. Instabilität ist für Soros ganz außerordentlich interessant.

Anlagestrategie

7

Setzen Sie auf Instabilität

Damit Reflexivität spürbar wird, muß sie sich zunächst zumindest selbst verstärken. Wirkt der Prozeß der Selbstverstärkung über einen ausreichend langen Zeitraum hinweg, so muß er irgendwann untragbar werden. Und zwar aus zweierlei Gründen: entweder wird die Kluft zwischen den Vorstellungen und der Realität zu groß, oder die Tendenzen der Marktteilnehmer werden zu stark ausgeprägt.

Klaffen Wahrnehmung und Realität weit auseinander, so geraten die Ereignisse häufig außer Kontrolle, eine Situation, die man auf den Finanzmärkten typischerweise in Phasen eines steilen Aufschwungs mit anschließendem ausgeprägtem Abschwung, den sogenannten Boom/Bust-Sequenzen, vorfindet. An solchen »Prozessen, die sich anfangs selbst verstärken, in der Folge jedoch nicht zu halten sind und deshalb irgendwann eine Umkehr erfahren müssen«, ist Soros leidenschaftlich interessiert.

Das Potential für derartige Boom/Bust-Entwicklungen ist immer gegeben. George Soros vertritt die Ansicht, solche Entwicklungen kämen häufig deshalb zustande, weil sich die Märkte in einem ständigen Zustand der Bewegung und Unsicherheit befänden. Gewinne erzielt man, indem man sich nach Möglichkeiten umsieht, aus dieser Instabilität einen Nutzen zu ziehen, und nach unerwarteten Entwicklungsverläufen sucht.

Der schwierige Teil der Aufgabe besteht natürlich darin, herauszufinden, ob und wann eine Boom/Bust-Phase zu erwarten ist. Von seiten des Anlegers ist hier ein Verständnis dessen gefordert, wie die diversen wirtschaftlichen

Fundamentaldaten von den anderen Investoren wahrgenommen werden. Stets die Meinung des Marktes – das ist die Gesamtheit dieser Investoren – zu ergründen steht im Zentrum von Soros' Investitionstechnik. Sobald ein Investor weiß, was der »Markt« denkt, wird er in der Lage sein, den anderen Weg einzuschlagen, auf das Unerwartete zu setzen, darauf zu spekulieren, daß ein Boom/Bust-Zyklus kurz bevorsteht oder bereits eingesetzt hat.

Woran ist eine derartige Boom/Bust-Sequenz zu erkennen?

Als Soros am 13. April 1994 vor dem vom amerikanischen Kongreß eingesetzten Bankenausschuß erschien, gab er eine kurze Erklärung ab und stellte darin fest, er teile die »vorherrschende Fachmeinung« nicht. Während die meisten Fachleute die Ansicht vertraten, die Finanzmärkte würden zum Gleichgewichtszustand tendieren und die zukünftige Entwicklung exakt vorwegnehmen, ging Soros davon aus, daß »die Finanzmärkte zukünftige Entwicklungen unmöglich richtig antizipieren können, weil sie die Zukunft nicht nur diskontieren, sondern gestalten helfen«.

Manchmal, meinte er, würden die Finanzmärkte die Fundamentaldaten beeinflussen, auch wenn es heißt, sie würden sie widerspiegeln. »In einem solchen Fall treten die Märkte in den Zustand eines dynamischen Ungleichgewichtes ein und verhalten sich völlig anders, als man unter Ansatz der ›Efficient market‹-Theorie als normal erachten würde.«

Derartige Boom/Bust-Phasen sind nicht sehr häufig. Durch ihre Einflußnahme auf die volkswirtschaftlichen Fundamentaldaten führen sie jedenfalls zu Erschütterungen auf den Kapitalmärkten. Ein extremer Auf- und Abschwung kann nur dann auftreten, wenn ein Markt von einem trendfolgenden Verhalten beherrscht wird. »Trendfolgend verhalten sich Marktteilnehmer meinem Verständnis nach dann, wenn sie als Reaktion auf Kurssteigerungen kaufen und als Antwort auf Kurseinbrüche verkaufen, damit also den Trend selbst verstärken. Dieses einseitige, dem Trend folgende Verhalten der Marktteilnehmer ist zwar eine Voraussetzung für einen heftigen Marktzusammenbruch, es reicht jedoch nicht aus, ihn tatsächlich auszulösen.«

Hiermit stellt sich für Soros – und für uns alle – eine Schlüsselfrage: Wie und wodurch entsteht unter den Marktteilnehmern trendfolgendes Verhalten?

Anlagestrategie

8

Erkennen Sie Chaos

Am 15. September 1992 um 17.30 Uhr saß George Soros in seinem Büro im 33. Stock eines Wolkenkratzers im Zentrum Manhattans und konzentrierte sich auf Westeuropa. Er hatte die Entwicklungen der letzten Jahre in der Europäischen Gemeinschaft mitverfolgt und spürte, daß die dort eingetretenen Ereignisse zu einer finanziellen Explosion führen würden.

An jenem Tag erprobte Soros seine Theorie an der europäischen Finanzwelt. Er stach damit alle jene Investoren aus, die die Finanzmärkte für rational agierende Institutionen hielten und glaubten, Aktienkurse folgten ihrer eigenen Logik. Für die Überzeugung dieser Investoren, man müsse diese Logik nur erkennen, und schon würde man reich werden, hatte er nur Verachtung übrig. Denn für Soros war die Finanzwelt instabil und chaotisch. Und es ging darum, das Chaos zu erkennen; nur wenn einem dies gelang, konnte man reich werden. Nicht mit irgendwelchen mathematischen Formeln, mit denen man zukünftige Entwicklungen der Aktienkurse erklären konnte. Der Aktienmarkt funktionierte nach Meinung Soros' nicht auf Basis einer bestimmten Logik, sondern über die Psychologie – genauer gesagt, über den Herdentrieb.

Um feststellen zu können, ob ihm seine Theorien in jeder beliebigen Finanzmarktsituation von Nutzen sein würden, mußte Soros zuallererst herausfinden, »in welche Richtung der Markt sich bewegte«. Also wann und in welcher Weise die Herde hinter einer bestimmten Aktie, einer Währung oder einem Warentermingeschäft hersein würde. In den vergangenen Jahren hatte er diese Theorie bereits auf den europäischen Finanzplätzen angewandt, hatte sich zurückgelehnt und auf den richtigen Zeitpunkt gewartet, um zuzuschlagen, auf jenen Zeitpunkt, an dem der Herdentrieb wirksam werden würde. Im Fall des Falles würde er bereit sein, vorzupreschen und die sich eventuell bietende Chance zu nützen. Diesmal war er sicher, richtig zu liegen. Und diesmal war er bereit, den höchsten Einsatz ins Spiel zu bringen, der in der Finanzwelt jemals aufgeboten wurde. Wenn seine Spekulation nicht aufging, würde er sicher einiges Geld verlieren. Er hatte auch früher schon Verluste wegstecken müssen. Während des Börsenkrachs im Oktober 1987 hatte er die Lage falsch interpretiert und mußte seine Verluste begrenzen; sie beliefen sich auf rund 300 Millionen US-Dollar.

Viel öfter jedoch hatte er – für seinen elitären Kundenkreis – Gewinne erzielt, und zwar so hohe und nachhaltige Gewinne, daß ihn die Zeitschrift *Institutional Investor* bereits im Juni 1981 als »den erfolgreichsten Vermögensverwalter der Welt« bezeichnete.

Als George Soros an jenem Septembertag in seinem Büro saß, wäre er gerne in London gewesen, denn dort, im Zentrum des Geschehens, war es erst 10.30 Uhr. Zufrieden dachte er an den 9. November 1989 zurück, jenen denkwürdigen Tag, an dem die Berliner Mauer Stück für Stück zu zerbröckeln begonnen hatte. Jeder wußte, welch bedeutsames Ereignis der Fall der Mauer für die moderne Geschichte darstellte.

Manche glaubten oder hofften zumindest, daß mit dem Ende der Berliner Mauer und der möglichen Wiedervereinigung von West- und Ostdeutschland ein neues vereinigtes Deutschland entstehen und einem Aufschwung entgegengehen würde. Wie so oft, war Soros auch hier anderer

Ansicht. Er spürte, daß die Deutschen hinsichtlich ihres Versuchs, die Wirtschaften der beiden Länder zu einem großen Deutschland zu vereinigen, harten Zeiten entgegensteuern würden. Zudem rechnete er sich aus, daß Deutschland sich seinen inneren Angelegenheiten zuwenden und intensiv um seine eigenen wirtschaftlichen Probleme kümmern würde. Deutschland würde es als nicht so wichtig erachten, anderen westeuropäischen Ländern aus deren wirtschaftlichen Schwierigkeiten herauszuhelfen.

Soros war davon überzeugt, daß ein nach innen gerichtetes Deutschland gewaltige Auswirkungen auf die Wirtschaft – und Währungen – der anderen europäischen Länder zeitigen würde. Er beobachtete die Lage und wartete ab. Im Jahr 1990 hatte er verfolgt, wie Großbritannien die schicksalsschwere Entscheidung traf, dem neu errichteten Währungssystem der westeuropäischen Länder, dem Wechselkursmechanismus im Europäischen Währungssystem, beizutreten. Soros hielt diesen Schritt Großbritanniens für einen Fehler, denn die Mitgliedschaft war zu einengend, unterlag zu großen Beschränkungen. Großbritannien waren damit die Hände gebunden, und es war infolgedessen nicht in der Lage, jene kühnen Schritte zu setzen, deren es zur Lösung seiner eigenen Wirtschaftsprobleme bedurfte.

Die britische Wirtschaft selbst war nicht stark, und durch den Beitritt zum Europäischen Währungssystem (EWS) schloß sich Großbritannien im wesentlichen an die stärkste Wirtschaftsmacht Westeuropas an – an das neue vereinte Deutschland. Dieses Bündnis würde Großbritannien letztlich in hohem Maße von den Deutschen abhängig machen, denn die Deutschen diktierten als stärkste Wirtschaftsmacht der Region im wesentlichen, ob und wann die anderen europäischen Länder ihre Zinssätze erhöhen oder senken durften, ihre Währung abwerten konnten und so weiter.

Diese Abhängigkeit von Deutschland, so dachte Soros, würde den Briten irgendwann zum Verhängnis werden. Großbritannien würde seinen geld- und währungspolitischen Kurs vielleicht ändern wollen, dazu aber nicht in der Lage sein. Es würde seine Geld- und Währungspolitik auf jene des mächtigeren Deutschland abstimmen müssen.

Genau wie Soros vorausgesagt hatte, brach 1992 eine Finanzkrise über Westeuropa herein. Großbritannien und andere westeuropäische Länder mit rückläufiger Wirtschaftsentwicklung strebten eine Zinssenkung an. Die Deutschen waren jedoch aus innenpolitischen Gründen zu einer Senkung ihrer Zinssätze nicht bereit. Ihre Furcht vor einer wiederkehrenden Inflation saß tief.

Mit Schrecken dachten sie an die zwanziger Jahre, als die Inflation der Auslöser für den Zusammenbruch der deutschen Wirtschaft gewesen war. Ohne Zinssenkung der Deutschen wären auch die Zinssenkungen der übrigen europäischen Staaten nutzlos. Die Länder würden vielmehr Gefahr laufen, ihre Währung zu schwächen – ein gefundenes Fressen für Spekulanten. Großbritannien geriet immer tiefer in die Klemme.

Der britischen Wirtschaft ging es immer schlechter. Das überbewertete Pfund geriet zusehends unter Druck. Zur Besserung seiner Wirtschaftslage mußte Großbritannien das Pfund abwerten, um so einen Exportanreiz zu schaffen. Die Bestimmungen des Wechselkursmechanismus im Europäischen Währungssystem zwangen Großbritannien jedoch, den festen Wechselkurs von 2,95 gegenüber der D-Mark beizubehalten. Im Laufe des Sommers 1992 hatten die britischen Spitzenpolitiker nachdrücklich beteuert, sie würden den Sturm überleben, das Pfund würde nicht abgewertet werden. Großbritannien würde seine Mitgliedschaft beim Europäischen Währungssystem nicht aufkündigen. Auf irgendeine Weise würde man über die Runden kommen.

Für George Soros waren diese Beteuerungen Unsinn. Er war sich über die Lage der britischen Wirtschaft im klaren. Unter keinen Umständen würde es den Briten gelingen, im Europäischen Währungssystem zu verbleiben. Sie würden das Schiff verlassen müssen. Er erkannte das Chaos in dieser Situation. Und er wollte reich werden.

Die Krise setzte Mitte September ein. Da und dort kursierte das Gerücht von einer bevorstehenden Abwertung der italienischen Lira. Die New Yorker Devisenhändler begannen ihre Lira-Bestände aus Angst vor einer Abwertung abzustoßen. Am Sonntag, den 13. September wurde die Lira um 7 Prozent – innerhalb der im EWS festgelegten Bandbreite – abgewertet. Die Wertpapierhäuser hatten darauf gesetzt, daß die europäischen Zentralbanken zu ihrer Verpflichtung, ihre Währung innerhalb des EWS-Spielraumes zu halten, stehen würden, und strichen daraufhin satte Gewinne ein.

Mit einer Anpassung der EWS-Leitkurse über den im Europäischen Währungssystem geregelten Rahmen hinaus war wohl nicht mehr zu rechnen. Doch bedeutete die Tatsache, daß die Italiener die Lira trotz gegenteiliger Absichten abwerten konnten, nicht, daß »der Kaiser ohne Kleider dastand«? Vielleicht würde es eine zweite Abwertungsrunde geben? War nun der Zeitpunkt gekommen, die Pfund-Sterling-Bestände langsam abzustoßen? Plötzlich verloren Investoren und Unternehmen in verschiedenen Teilen der Welt allesamt den Glauben an die Bereitwilligkeit der westeuropäischen Regierungen, die Festsetzung der Wechselkurse dem EWS zu überlassen. Die Spekulanten versuchten mit allen Mitteln, aus einer Reihe schwächerer Währungen auszusteigen, so auch aus dem Pfund Sterling. Soros' Überzeugung, daß Großbritannien das Pfund aus dem Wechselkursmechanismus des Europäischen Währungssystems ausgliedern würde, wuchs.

Im Jahr 1992 hielt Soros sich äußerst selten in der New Yorker Zentrale der Vermögensverwaltungsfirma Soros Fund Management auf, die seinen 1969 von ihm gegründeten Quantum-Fonds verwaltete. Schon 1988 hatte er die Alltagsagenden der Fondsverwaltung an Stanley Druckenmiller, einen jungen, brillanten Fondsmanager, abgetreten. Dieser hielt die Zeit für reif, gegen das britische Pfund zu setzen, und erläuterte Soros seine Beweggründe.

Soros gab grünes Licht, legte Druckenmiller jedoch dringend nahe, einen noch höheren Einsatz zu wagen. Druckenmiller verkaufte daraufhin für Soros Pfund Sterling im Wert von 10 Milliarden US-Dollar. Sollte Soros mit der von ihm erwarteten Abwertung des Pfundes recht behalten, war damit eine Menge Geld zu verdienen. Als er das Büro in Richtung seiner Wohnung in der Fifth Avenue verließ, machte er einen überaus zuversichtlichen Eindruck.

Er schlief gut in dieser Nacht. Am nächsten Morgen läutete in seiner Privatwohnung um Punkt 7 Uhr das Telefon. Stan Druckenmiller hatte sensationelle Neuigkeiten: Es war alles gutgegangen, und George Soros hatte soeben einen Gewinn in der Höhe von 958 Millionen US-Dollar eingefahren.

Unter Anrechnung der Gewinnmitnahmen Soros' aus anderen Positionen, die er während der Krise des Europäischen Währungssystems übernommen hatte, betrug sein Gewinn nahezu 2 Milliarden US-Dollar. Die Briten bezeichneten den 15. September – jenen Tag, an dem sie gezwungenermaßen das Pfund aus dem Wechselkursmechanismus im Europäischen Währungssystem herauslösen mußten – als den »Schwarzen Mittwoch«. Soros nannte diesen Tag den »Weißen Mittwoch«. Denn durch seine 10-Milliarden-Dollar-Spekulation auf die Abwertung des britischen Pfunds gelangte er zu Weltruhm. Es war sein bislang größter Coup als Investor.

Er hatte die Instabilität des europäischen Finanzsystems erkannt und richtig eingeschätzt, und dies zu einem Zeitpunkt, als die meisten anderen die Existenz dieses Chaos in Abrede stellten. Chaos fasziniere ihn, meinte er einmal verschmitzt: »So verdiene ich mein Geld: Ich erkenne Umstürze auf den Finanzmärkten.«

Anlagestrategie

9

**Nützen Sie
Überreaktionen
des Marktes**

Eine Boom/Bust-Situation tritt nur dann auf, wenn ein Markt von trendfolgendem Verhalten beherrscht wird. Doch wodurch wird ein solches Verhalten hervorgerufen? George Soros' Antwort auf diese Frage lautet, verzerrte Wahrnehmungen einzelner Investoren würden den Märkten Eigendynamik verleihen. Unter »Eigendynamik« ist nichts anderes zu verstehen, als daß Investoren blindwütig dem Verhalten der Masse folgen, sich sozusagen vom Herdentrieb leiten lassen.

Märkte mit Eigendynamik neigen stets zu Überreaktionen, bewegen sich immer auf Extreme zu. Und solche Überreaktionen – das Hindrücken der Märkte auf Extreme – verursachen eine Boom/Bust-Situation. Der Schlüssel zum Investitionserfolg liegt darin, jenen Punkt zu erkennen, an dem ein Markt Eigendynamik zu entwickeln beginnt. Ist das gelungen, weiß der Investor, daß eine Boom/Bust-Sequenz kurz bevorsteht oder bereits im Gange ist.

Soros erklärt diesen Zusammenhang folgendermaßen:

> »Der Grund dafür, daß reflexive Prozesse einem dialektischen Schema folgen, läßt sich allgemein verständlich so erklären: Je ungewisser die Lage, desto mehr Leute lassen sich von den Markttrends beeinflussen; und je mehr Einfluß die dem Trend folgende Spekulation gewinnt, desto ungewisser wird die Situation.«

Folgende Hauptkriterien kennzeichnen eine Boom/Bust-Entwicklung:

1. Der Trend ist als solcher noch nicht identifiziert.
2. Sobald der Trend identifiziert ist, wirkt diese Erkenntnis trendverstärkend, und ein Prozeß der Selbstverstärkung setzt ein. In dem Maße, in dem der vorherrschende Trend und die vorherrschende Marktmeinung einander verstärken, wird der Trend immer abhängiger von der vorherrschenden Marktmeinung. Die Marktmeinung verfestigt sich in immer übertriebenerem Ausmaß. Im Verlauf dieser Entwicklung kommen die für Situationen fernab des Gleichgewichtszustandes zutreffenden Bedingungen ins Spiel.
3. Die Richtung des Marktes wird mit Erfolg getestet: sowohl die Marktmeinung als auch der Trend können durch von außen einwirkende Turbulenzen immer wieder auf die Probe gestellt werden.
4. Die Überzeugung wächst: Wenn die Marktmeinung und der Trend diesen Turbulenzen standhalten, sind sie, um Soros' Ausdrucksweise zu verwenden, »nicht zu erschüttern«. Er nennt diesen Entwicklungsabschnitt »Beschleunigungsphase«.
5. Realität und Wahrnehmung weichen voneinander ab; dann tritt ein Zustand ein, in dem die Überzeugung des Marktes und die Realität so weit auseinanderklaffen, daß die subjektive Haltung der einzelnen Marktteilnehmer zu erkennen ist. Das ist der Augenblick der Wahrheit, der Kulminationspunkt.
6. Schließlich setzt eine Phase der Selbstverstärkung in die Gegenrichtung ein.

Es ist auch durchaus möglich, daß sich der Trend ganz einfach aufgrund des Gesetzes der Trägheit fortsetzt. Sobald

allerdings die Marktmeinung nicht mehr trendverstärkend wirkt, wird die Entwicklung stagnieren. Dieser Glau-
bensverlust kehrt den Trend um, und der Prozeß gelangt
an das, was Soros einen Wendepunkt nennt. Es setzt eine
Bewegung in die Gegenrichtung ein, die, wie Soros sich
auszudrücken pflegt, zu einer katastrophalen Beschleuni-
gung, also zum Crash, führt.

Kurz gesagt vertritt Soros die Auffassung, daß die Chancen für spekulative Transaktionen wachsen, solange ein
Trend anhält. Es setzt eine Wechselwirkung zwischen
Marktmeinung und Trend ein, das heißt, solange der Trend
vorhält, festigen sich die Meinungen auf dem Markt.
Zeichnet sich ein Trend erst einmal ab, nehmen die Dinge
ihren Lauf.

Obwohl Soros ganz und gar nicht als Herdenmensch bezeichnet werden kann, gibt er zu, nur mit größter Vorsicht
in die entgegengesetzte Richtung zu laufen. In den meisten
Fällen folgt er dem Trend, achtet allerdings stets auf die
Trendwende, denn dies ist der einzig sinnvolle Zeitpunkt,
der Herde entgegenzutreten.

Soros hält ständig Ausschau nach Zusammenhängen, die
er als »reflexiv« bezeichnet. Beispielsweise schrieb er einmal: »Wenn die Leute das Vertrauen in eine Währung verlieren, pflegt der Verfall dieser Währung die heimische Inflation zu verstärken, was wiederum als Bestätigung für
die Schwäche der Währung erachtet wird. Wenn Investoren dem Management eines Unternehmens vertrauen,
wird es dem Management durch das Ansteigen des Ak-
tienkurses leichter fallen, die Erwartungen der Investoren
zu erfüllen.« Diese Zusammenhänge verstärken sich seiner Beobachtung nach vorerst selbst, doch tritt irgendwann der Zeitpunkt ein, an dem sie sich selbst zunichte
machen.

Wesentlich einfacher ausgedrückt: Soros fahndet stets nach einer Boom/Bust-Sequenz. Eine solche Entwicklung entdeckte er Ende der sechziger Jahre auf dem Sektor der Immobiliengesellschaften.

1969 beschrieb er im Rahmen einer Studie die Vorzüge der Anlage in ein neuartiges Finanzinstrument namens Real Estate Investment Trust (REIT). Soros witterte hier eine Boom/Bust-Entwicklung und verglich den Zyklus dieser amerikanischen Immobiliengesellschaften mit einem Drama in drei Akten. Er prognostizierte völlig richtig, daß diese Gesellschaften zuerst einen Boom erleben, dann aber zu weit gehen und schließlich zusammenbrechen würden. Mit beeindruckender Voraussicht gelangte er zu dem Schluß, er könne »die Aktien ohne Risiko kaufen, da der ›dritte Akt des Dramas‹ frühestens in drei Jahren beginnen« würde.

Genau das geschah. Als der Markt für REITS ein Hoch erreichte, hatte Soros die Titel längst wieder abgestoßen. Einige Jahre später begannen die Aktien dieser Gesellschaften, wie Soros vorausgesagt hatte, zu fallen. Er hatte zuerst gedacht, der Zeitpunkt für Short-Positionen wäre bereits überschritten; nach neuerlicher Durchsicht seiner Studie ließ er sich jedoch noch Zeit. Er sollte recht behalten und strich satte Gewinne ein. Er hatte auf das Volumen seiner Leerverkäufe einen Gewinn von über 100 Prozent erzielt – er tat dies nur ein einziges Mal –, denn als die Aktienkurse fielen, erhöhte er das Volumen seiner Leerverkäufe weiter und riskierte etwa eine Million Dollar. Für seine damaligen Verhältnisse war es eine stattliche Summe, die er da aufs Spiel setzte. Diese praktische Erprobung seiner Finanzmarkt-Theorien in den Anfangsjahren seiner Laufbahn gab Soros einen enormen Auftrieb.

Seine größten Gewinne hat Soros der Erkenntnis der »sich

selbst verstärkenden« Bewegungen bei Aktien und Aktiengruppen zu verdanken: Plötzlich änderten Investoren ihre Einstellung in bezug auf die Aktien einer bestimmten Branche und kauften massiv. Das Phänomen der Selbstverstärkung setzte ein. Die Unternehmen der betreffenden Branche erlebten aufgrund der massiven Aktienkäufe einen Aufschwung, da sie die Erträge durch verstärkte Aufnahme von Fremdkapital, Verkäufe eigener Aktien und Akquisitionen durch Aktientausch in die Höhe trieben.

Das war also die Boom-Seite, die Phase des rasanten Aufschwungs, innerhalb einer Boom/Bust-Entwicklung.

Das Spiel war zu Ende, als der Markt gesättigt war. Der wachsende Wettbewerb schmälerte die Zukunftsaussichten der Unternehmen dieser Branche empfindlich, und die Aktien wurden überbewertet. Es war ein großer Tag für Leerverkäufer, als dieser Zusammenhang ans Tageslicht kam.

Anlagestrategie

10

Achten Sie auf Aktienkurse, die die Fundamentaldaten beeinflussen

Frühe Darlegungen von Soros' Boom/Bust-Theorie erwecken den Anschein, er vertrete den Standpunkt, die Marktpreise (Kurse) seien zur Gänze durch die Haltung der Marktteilnehmer beeinflußt. Zuweilen wirkt sich diese Meinung des Marktes nicht nur auf die Marktpreise aus, sondern auch auf die sogenannten Fundamentaldaten. Sobald die auf dem Markt gebildeten Kurse Wirkung auf die Fundamentaldaten zeigen, kommt Soros' Reflexivitätstheorie ins Spiel. Dieses Marktverhalten, daß also Marktpreise auf die Fundamentaldaten einwirken, zeigt sich nicht immer. Tritt es jedoch ein, so spiegeln die Marktpreise diese Fundamentaldaten nicht nur wider; sie werden selbst zur Fundamentalgröße, die Einfluß auf die Kursbewegungen nimmt.

Ein Boom/Bust-Verlauf setzt nach Meinung Soros' nur dann ein, wenn die Marktpreise die Fundamentaldaten irgendwie beeinflussen können. Dies war beispielsweise während des Booms der großen Mischkonzerne Ende der sechziger Jahre der Fall. Soros verdiente sein Geld sowohl während des Booms als auch in der Phase des Abschwungs. Zu Beginn fiel ihm auf, daß High-Tech-Unternehmen sich auf Akquisitionstour begaben und unter Einsatz ihrer – überbewerteten – Aktien als Zahlungsmittel Gewinne erkauften. Diese Gewinne rechtfertigten sodann die Überbewertung. Die großen Mischkonzerne stiegen zusehends in der Gunst der institutionellen Investoren. Die hohen Aktienkurse ihrer Unternehmen ermutigten die Mischkonzerne zu weiteren Unternehmensakquisitionen. Die Fehleinschätzung in diesem Zusammenhang lag im mangelnden Verständnis der institutionellen Investoren darüber, daß Zuwächse beim Gewinn pro Aktie durch Akquisitionen erreicht werden könnten. Soros war überzeugt, daß die Fehleinschätzung oder »Haltung« dieser »Fondsmanager auf Teufel komm raus« sich auf die Aktienkurse der großen Mischkonzerne auswirken würde. Die Kurse kletterten tatsächlich immer höher, also kaufte er massiv. Später, als der Kursverfall einsetzte, führte er Leerverkäufe durch und lukrierte hübsche Gewinne.

Der Boom der großen Mischkonzerne stellt ein gutes Beispiel einer Boom/Bust-Entwicklung dar, da hier eine falsche Bewertung der Aktien offenkundig wurde. Die Fehlbewertung bestand darin, daß sich die Werte nicht ausschließlich auf die Fundamentaldaten stützten, sondern reflexive Reaktionen auslösten. Anders ausgedrückt: Die Investoren glaubten, der jeweilige Gewinn pro Aktie sei unabhängig vom Marktwert der Aktie – das war jedoch nicht der Fall.

Gleiches geschah während des internationalen Kredit-Booms der achtziger Jahre. Bei den Banken war man überzeugt, daß die zur Kreditwürdigkeitsprüfung von Schuldnerländern angewandte Verschuldungsquote in keinem Zusammenhang mit dem Volumen ihrer eigenen Kreditvergaben zu sehen war. Tatsächlich jedoch stützte sich die Kreditvergabe der Banken auf deren Einschätzung hinsichtlich der Bonität ihrer Kreditnehmer. Die Staaten werteten diese Verschuldungsraten als objektives Maß. Richtig war, daß die Verschuldungsraten gerade durch die Handlungsweise eines Staates beeinflußt wurden – stoppte man die Kreditvergaben, sank das Bruttoinlandsprodukt. Hierin lag also die Fehleinschätzung, das mangelnde Verständnis der Kreditgeber, daß ein fundamentaler Wert nicht gänzlich unabhängig vom Bewertungsvorgang ist. Diese Fehleinschätzung schuf die Rahmenbedingungen für eine Boom/Bust-Sequenz.

Die Beziehung zwischen den Fundamentaldaten (also der Verschuldungsquote) und dem Wert, der diesen Fundamentaldaten beigemessen wurde (und von der Handlungsweise der Schuldnerländer abhing), setzte einen Prozeß in Gang, der sich anfangs selbst verstärkte – eine Boom-Phase – und in der Folge in sich zusammenfiel und den eigenen Untergang herbeiführte – eine Bust-Phase.

In beiden Fällen, sowohl bei den Mischkonzernen als auch bei den Kreditvergaben, stellte Soros fest, daß verfälschte Wahrnehmungen den Märkten Eigendynamik verliehen und sie aufschaukelten. Die Marktteilnehmer fanden sich zu einer »Herde« zusammen, es kam zu Überreaktionen, man ging bis zum Äußersten, und die Folge war eine Boom/Bust-Entwicklung.

George Soros entdeckte auch im Bankwesen der USA eine Boom/Bust-Entwicklung. In den dreißiger Jahren, im Anschluß an die traumatischen Ereignisse der Weltwirtschaftskrise, ging es den Banken wirtschaftlich schlecht. Die tiefgreifende Bankenregulierung verhinderte jegliche Expansion, weshalb die Investoren den Bankaktien keinerlei Beachtung schenkten. Die Branche stagnierte, und es bestand wenig Aussicht auf Wachstum.

Anfang der siebziger Jahre trat eine neue Generation von Bankfachleuten an. Sie waren an Gewinnen interessiert und dienten sich langsam ins Topmanagement hoch. Diese neue Generation von Bankmanagern war vor allem in der First National City Bank of New York angesiedelt, entwickelte neue Finanzinstrumente und setzte das Kapital aggressiver ein. Es überrascht nicht, daß sich alle diese

Anstrengungen in besseren Wirtschaftsergebnissen und höheren Gewinnen niederschlugen. Wall Street ließ sich von keinem dieser neuen Wachstumsspurts beeindrucken. Dort wurden Bankaktien weiterhin gänzlich ohne oder mit nur geringer Prämie verkauft.

Soros erkannte als einer der ersten die enormen Änderungen, die sich bei den Banken sozusagen im Hinterzimmer vollzogen. Vor den meisten anderen Investoren konstatierte er die verzerrte Wahrnehmung, die Fehleinschätzung, daß die Banken keine Zukunft hätten. In einem im Jahr 1972 von ihm verfaßten Bericht empfahl er den Kauf von Aktien diverser aggressiv gemanagter Banken. Als die Kurse der Bankaktien 1972 zu steigen begannen, erzielte Soros auf seinen Einsatz 50 Prozent Gewinn. Dies war die Boom-Phase des Zyklus.

Doch Soros rechnete damit, daß die Begeisterung für Bankaktien abrupt nachlassen würde. Allerdings konnte er keine Prognose darüber abgeben, wann das der Fall sein würde. Es passierte im Jahr 1973, als die Ölpreise in die Höhe schossen und mit ihnen die Inflation und die Zinssätze. Im Endergebnis lieferten die Banken eine Kapitalrendite von lediglich 13 Prozent, und das war zu wenig, um Bankaktien mit einer Prämie verkaufen zu können. Die Phase des Abschwungs hatte eingesetzt.

George Soros geht an den Finanzmärkten keineswegs nach einem traditionellen Regelwerk vor. Das tun die anderen Investoren, jene, die die Welt und alles, was sich in dieser Welt befindet, für rational halten – auch den Aktienmarkt. Wohl gilt Soros' Interesse den Spielregeln, doch nur wenn er zu verstehen versucht, ob sich eine Änderung dieser Spielregeln ankündigt.

Der Grund: Eine Änderung der Spielregeln könnte eine reflexive Beziehung herstellen, und diese Reflexivität kann wiederum eine Boom/Bust-Sequenz auslösen. George Soros beobachtet die Finanzmärkte laufend und hält Ausschau nach Boom/Bust-Entwicklungen. Wohl wissend, daß die Finanzmärkte durch solche gelegentlich auftretende wechselseitige Beziehungen geprägt werden, spürt Soros, daß er dem Rest der Investorengemeinschaft um einen Schritt voraus ist.

Diese Investmentstrategie ist jedoch keine Garantie dafür, daß Soros immer nur gewinnt. Manchmal tauchen Probleme auf, die mit seinem ureigenen Investitionstalent gar nichts zu tun haben. Dann wiederum ist es genau umgekehrt. Beispielsweise gibt es Zeiten, in denen einfach keine reflexiven Prozesse stattfinden. Und es kann auch vorkommen, daß Soros sie nicht rechtzeitig erkennt.

Am schlimmsten sind jene Zeiten, in denen Soros nach reflexiven Prozessen Ausschau hält, glaubt, er hätte einen entdeckt, um in der Folge feststellen zu müssen, daß er mit seiner Interpretation falsch gelegen ist. Mitunter entscheidet er sich für ein Investment, ohne sich genau zu überlegen, wie ein bestimmter Finanzmarkt agiert – ob sich ein reflexiver Prozeß in Gang befindet oder nicht. Doch er ist ständig auf der Suche. Erkennt er einen reflexiven Prozeß und kann er ihn nützen, sind ihm hohe Gewinne sicher.

Anlagestrategie

11

**Erst investieren,
dann analysieren**

Lassen wir nun die Theorien beiseite, für die Soros selbst zugibt, daß sie ihm nur zeitweise helfen. Werfen wir einen Blick auf die Vorgehensweise, die er bei seinen Investitionen anwendet, denn diese hat zum Aufbau seines riesigen Vermögens in gleichem Maße beigetragen wie seine Theorien.

Die Investitionsmethode George Soros' sucht ihresgleichen. Hier wirken Intelligenz, Mut, Gelassenheit und Instinkt zusammen. Sein Geigerzähler ist seine Reflexivitätstheorie; sie sagt ihm, worauf er aufpassen muß.

Er erfährt auf diese Weise zwar nicht genau, welches Ziel er anstreben soll oder, was am allerwichtigsten ist, wann er welches Ziel verfolgen soll, doch grenzt diese Theorie seine Vorgehensweise ein. Dann kommt sein Instinkt ins Spiel, der ihn präzise leitet, an das Ziel heranführt, ihm etwas über den richtigen Zeitpunkt verrät.

Er legt an, macht sich zum Abschuß bereit und zielt. Er tut dies nicht in aufsehenerregender Weise, sondern testet, sondiert, versucht festzustellen, ob er gedanklich richtigliegt. Er fügt die vorhandenen Informationen zu einem Investitionsansatz zusammen und trifft auf dieser Basis eine Anlageentscheidung. Einen Investitionsansatz aufstellen bedeutet, von der Annahme auszugehen, auf einem Finanzmarkt habe sich ein Trend herausgebildet.

Grundsätzlich nimmt Soros an, daß jede – gleichgültig welche – Hypothese, die irgendwann im Vorstellungsvermögen von Investoren Platz gegriffen hat, falsch ist. Das heißt, daß es sich bei der einen oder anderen Annahme, auf die sich der Investitionsansatz stützt, um eine Fehleinschätzung handelt.

Zu dieser Erkenntnis gelangte Soros, als er nach der Gründung des Quantum-Fonds Seite an Seite mit seinem Partner Jim Rogers arbeitete: »Wir gehen von der Annahme aus, daß der Aktienmarkt immer falschliegt. Wenn wir es also allen anderen Kollegen an der Wall Street gleichtun, sind wir von vornherein zu einem schlechten Ergebnis verdammt. Die meisten Wertpapieranalysten an der Wall Street sind nichts anderes als PR-Leute für das Topmanagement diverser Unternehmen; sie schreiben ihre Analysen aus Geschäftsberichten oder voneinander ab und decken kaum jemals etwas Wichtiges auf.«

Soros und Rogers bildeten ein gut eingespieltes Team. »Wenn wir nicht ein und derselben Meinung waren«, erklärte Rogers, »taten wir einfach nichts.« Allerdings nicht immer. Wenn einer der beiden von einem Geschäft felsenfest überzeugt war, zog er es auch durch.

»Sobald wir ein Projekt durchgearbeitet hatten«, meinte Rogers, »lag ziemlich klar auf der Hand, ob eine Transaktion richtig oder falsch war. Wenn wir eine Sache durchgedacht hatten, versuchten wir, einen Konsens herbeizuführen. Ich hasse diesen Begriff, denn Investitionen, basierend auf einem Konsens, sind eine Katastrophe, doch irgendwie scheinen wir die Dinge fast immer auf einen Nenner gebracht zu haben.«

Sie waren stolz darauf, ihre eigene Meinung zu haben. Keiner der beiden war der Ansicht, er könne von den anderen Wall-Street-Analysten noch etwas lernen, die folgten ja doch nur dem Herdentrieb. So warfen sie die meiste Post weg und wählten ihre Aktien selbst aus.

Sie erstellten jede Menge Analysen, abonnierten 30 Fachzeitschriften, darunter *Fertilizer Solutions*, *Textile Week* und viele andere. Auch Publikumszeitschriften nahmen sie unter die Lupe und entdeckten hie und da einen gesellschaftlichen oder kulturellen Trend, der sich vielleicht als wertvoll herausstellen würde. Sie erschienen auf den Adreßlisten Hunderter Unternehmen. In ihren Archiven sammelten sich Unterlagen über mehr als 1500 amerikanische und ausländische Firmen. Tag für Tag arbeitete sich Rogers durch 20 bis 30 Geschäftsberichte und hoffte, auf eine interessante Unternehmensentwicklung zu stoßen oder einen langfristigen Trend durchschimmern zu sehen.

Soros erachtete es als seine vorrangige Aufgabe, nach Fehlern in Investitionsempfehlungen zu suchen. Wenn er schon mit der Herde lief und Positionen nach Maßgabe der Markttrends übernahm, was er beizeiten tun mußte, so war das Aufdecken von Fehleinschätzungen für ihn lebenswichtig. Er wurde unruhig, wenn er keinen Fehler fand. Das Erkennen einer solchen Fehleinschätzung verschaffte Soros einen bedeutenden Vorteil gegenüber den übrigen an den Finanzmärkten agierenden Investoren und ermöglichte es ihm, nach Signalen für das Ende eines bestimmten Markttrends zu suchen.

Soros interessiert, ob ein Trend künstlich übersteigert worden ist. Er sucht ständig nach dem Wendepunkt eines Trends, denn das ist der einzige Zeitpunkt, an dem man gegen den Trend handeln kann. Zu jedem anderen Zeitpunkt würde man damit ein enormes Risiko eingehen. Sobald Soros überzeugt ist, die Trendwende erkannt zu haben, vermag er aus der Herde auszubrechen und seine Investmentposition abzustoßen. Wenn es soweit ist, legt er sich ein neues Investitionskonzept zurecht, das sich wiederum auf die Überzeugung stützt, die Herde laufe in die falsche Richtung. Soros verkündet oft und gern, daß die Herde stets hinter dem falschen Trend herrennt. Da er jedoch zeitweise bereit ist, sich der Herde anzuschließen, scheint sie sich manchmal doch auf dem richtigen Pfad zu befinden.

Manchmal kann es eine Weile dauern, bis handfeste Signale auf das Bestehen eines Trends hinweisen. Das kann für Soros zum Problem werden, denn zu dem Zeitpunkt, zu dem er sich ein auf den Trend gestütztes Investitionsmodell zurechtgelegt hat, hat der Markt den Trend möglicherweise bereits umgekehrt.

Solange Soros überzeugt ist, seine ursprünglichen Erkenntnisse seien richtig und sinnvoll, wird er ein Engagement auch dann nicht aufgeben, wenn er damit langsam Geld verliert. Es könnte ja ein anderer Grund, einer, der seine Meinung zu einem Investitionsprojekt nicht widerlegt, die Ursache dafür sein. Möglicherweise wird er sein Engagement sogar noch erhöhen und gleichzeitig versuchen festzustellen, worauf der Verlust zurückzuführen ist.

Soros zielt auf jenen Punkt ab, an dem er seine Hypothese bestätigt findet. Dann erhöht er sein Engagement in dem Maße, wie es seine Überzeugung zuläßt. Stellt er fest, daß seine Hypothese nicht zutrifft, steigt er unverzüglich aus. Er hält ständig Ausschau nach Situationen, in denen er eine Hypothese aufstellen kann.

Nach der Gründung des Quantum-Fonds hatten sich Soros und Rogers die Arbeit geteilt. Rogers war der Analyst, Soros traf die Entscheidungen. Ihre Strategie bestand darin, zuerst zu investieren und dann erst zu analysieren. Soros machte die Investitionen, und Rogers nahm die Analysen vor.

Es konnte schon vorkommen, daß Soros eine Veranlagung vornahm, Rogers dann seine Analysen erstellte und an der Idee etwas auszusetzen hatte. Soros stand trotzdem zu seiner Investitionsentscheidung. Derartige Situationen waren ihm gar nicht unrecht, denn so konnte er erfahren, wo Fehleinschätzungen lagen, und wußte dadurch, wann der Zeitpunkt für einen Ausstieg gekommen war. Daß Soros über die Fehleinschätzungen Bescheid wußte, bedeutete für ihn nicht unbedingt, sich sofort aus dem betreffenden Engagement zurückzuziehen. Es bedeutete lediglich, daß dieses Engagement besonders aufmerksam verfolgt werden mußte. Wenn sich die Idee dann tatsächlich als falsch erwiesen hat, war nur mehr eines wichtig: so rasch wie möglich auszusteigen.

Sein Motto »Erst investieren, dann analysieren!« gibt Soros gerne zum besten. In der Praxis bedeutet es: eine Hypothese aufstellen – eine kleine Position übernehmen, um die Hypothese auf ihre Richtigkeit zu überprüfen –, warten, ob einem der Markt recht gibt oder nicht.

Diese bevorzugte Strategie George Soros' könnte man im wesentlichen mit »den Markt ausloten« umschreiben. Dieser Vorgangsweise bediente er sich bisweilen in den achtziger Jahren, als der Investor Jim Marquez als Soros' Assistent arbeitete. Soros wandte diese Technik nur gelegentlich an, und es gab Fälle, in denen er Marquez nicht einmal darüber informierte, daß er sich dieser Methode bediente.

Einmal rangen sich die beiden nach endlosen Diskussionen zu der Entscheidung durch, den Sprung zu wagen. Marquez arbeitete einen Stufenplan aus und stellte eine bestimmte Summe aus dem Fonds für dieses Investment ab.

»In Ordnung«, meinte Soros, »ich möchte Anleihen um 300 Millionen Dollar kaufen, verkaufen Sie also zunächst einmal 50 Millionen.«

»Ich will doch 300 Millionen Dollar kaufen!« gab Marquez Soros zu bedenken.

»Schon gut«, antwortet Soros, »zuerst will ich mir aber

ansehen, wie der Markt das aufnimmt. Ich möchte wissen, wie ich mich als Verkäufer fühle. Wenn mir der Verkauf überhaupt keine Schwierigkeiten bereitet, wenn ich diese Anleihen ganz leicht abgeben kann, möchte ich um so lieber ein Käufer werden. Wenn sich diese Anleihen allerdings nur sehr schwer verkaufen lassen, bin ich mir nicht sicher, ob ich diese Anleihen wirklich kaufen sollte.«

Der Mythos um George Soros

Um George Soros rankten sich sehr rasch diverse Mythen. In erster Linie sagt man ihm nach, er könne Märkte bewegen, ein Wort von ihm über eine bestimmte Ware oder Währung würde Umschichtungen im Handel bewirken, Kurse würden aufgrund einer Aussage von ihm steigen oder fallen. Viele wollten es ihm in seiner scheinbaren Unfehlbarkeit gleichtun. Doch er war in keiner Weise unfehlbar. Er machte sehr wohl Fehler, manchmal auch schwere.
Ein Journalist, der im Dezember 1992 eine Fernseh-

dokumentation über George Soros zusammenstellte, zeigte sich von Soros' scheinbarer Fähigkeit, Märkte zu bewegen, beeindruckt: »Sie investieren in Gold, und weil Sie in Gold investieren, glaubt jeder, er sollte ebenfalls in Gold investieren, und der Kurs steigt; Sie schreiben einen Artikel, der den Wert der D-Mark in Frage stellt, und der D-Mark-Kurs fällt. Sie tätigen ein Investment in Londoner Immobilien, und über Nacht scheint sich der Trend fallender Immobilienwerte umzukehren. Darf eine Einzelperson wirklich so viel Einfluß ausüben?«

Soros freute sich über das Kompliment und gab sich bescheiden: »Meinem Einfluß wird derzeit übertriebene Bedeutung beigemessen. Dessen bin ich mir in der Tat ziemlich sicher. Und diese Meinung wird sich von selbst korrigieren, denn die Leute werden dahinterkommen« – und hier lächelte er breit –, »daß ich nicht unfehlbar bin, und, sehen Sie, die Welle des Interesses, die mich derzeit emporträgt, wird mich wieder hinunterspülen.«

Bis jetzt liegt er mit beiden Einschätzungen falsch. Sein Einfluß wird nicht übertrieben, und auch das enorme Interesse an seiner Person hat nicht nachgelassen. Auf die einmal an ihn gerichtete Frage, wie man sich als Guru fühle, meinte er, er fände daran nichts Besonderes. Verschiedene Leute, die dies hörten, waren jedoch von Ehrfurcht ergriffen. Niemand könne so erfolgreich auf den Finanzmärkten agieren, heißt es – er müsse wohl über magische oder übernatürliche Kräfte verfügen. Wahr ist, daß Soros kein Magier ist. Sein Investitionstalent ist einzigartig, doch ganz und gar irdisch. Hier wirkt eine seltene Kombination von Intuition, Mut und treffsicherer

Analyse zusammen. Bisweilen bewegt er tatsächlich Märkte, weitgehend jedoch deshalb, weil andere Investoren so sehr an seine Investitionsentscheidungen glauben.

Und doch verleihen die ihn umgebenden Mythen Soros eine Aura der Unschlagbarkeit, seine Niederlagen werden als bloß zeitweilige Rückschläge gewertet, seine Triumphe gelten als Wunder. Trotz aller Bewunderung und Ehrfurcht, die ihm von seinen Kollegen an der Wall Street und in London entgegengebracht wird, stellt Soros für viele so etwas wie einen Antihelden dar, denn sein finanzieller Erfolg scheint aus einer anderen Welt zu sein, eher das Werk eines Zauberers als das eines Finanzgenies. Er selbst gießt noch Öl ins Feuer, indem er ungeniert erklärt, als Kind hätte er sich für Gott gehalten; daß er trotz seines Milliardenvermögens gierig sei und es ihm leichter falle, Geld zu verdienen, als es auszugeben.

Hätte er sein Vermögen auf die Art der amerikanischen Industriekapitäne des 19. Jahrhunderts – beispielsweise eines Rockefeller oder Carnegie – erworben oder hätte er eine Führungsposition in der Erdöl- oder Stahlindustrie eingenommen, also in einer Branche, die in unmittelbarerem Zusammenhang mit dem Aufbau Amerikas und der Stärkung der amerikanischen Wirtschaft steht, hätte Soros wahrscheinlich eine andere Beziehung zu Geld. George Soros nennt jedoch weder einen großen Industriebetrieb sein eigen, noch führt er einen; er hat weder in der amerikanischen Unternehmenswelt noch in der globalen Finanzwelt einen festen Platz. Er selbst sieht sich nach eigenen Angaben grundsätzlich gern als Außenseiter, als jemanden, der abseits steht, der die Spieler taxiert und die hilfreichen oder schädigenden Faktoren, die auf diese Spieler einwirken, beurteilt. Nach seiner eigenen Einschätzung sieht er sich als Kritiker beziehungsweise, wie er selbst es halb scherzhaft ausdrückt, als den höchstbezahlten Kritiker der Welt. »Ich bin ein Kritiker der Abläufe«, meinte er einmal. »Ich bin kein Unternehmer, der Unternehmen aufbaut. Ich bin ein Investor, der Unternehmen beurteilt. Meine Aufgabe an den Finanzmärkten ist die eines Kritikers, und meine kritischen Urteile finden in meinen Kauf- und Verkaufsentscheidungen ihren Niederschlag.«

Die Leistungen, die Soros als Investor vollbringt, haben allerdings mit Spaß nichts zu tun. Der ihn umgebende Mythos hat so reale Gestalt angenommen, und seine offensichtliche Macht über die Finanzmärkte hat solche Schlagkraft erlangt, daß sich die Washingtoner Politiker 1993 fragten, ob man die Soros-Fonds und alle anderen Hedge-Fonds nicht regulieren sollte.

Wenn George Soros tatsächlich Märkte bewegen konnte und man durch die Handlungen eines einzelnen Mannes eine schöne Stange Geld gewinnen oder auch verlieren konnte, bedeutete dies nicht eine Gefahr? Sollte man George Soros nicht unter Kontrolle stellen? Nachdem die Politiker im Frühjahr 1994 Soros' Aussage angehört hatten und zu dem Schluß gelangten, die Hedge-Fonds würden – und darauf bestand Soros – keine Gefahr für die Finanzmärkte bedeuten, entschied man sich gegen die Einführung neuer Regulierungsbestimmungen.

Soros selbst stellt sich immer als Philosoph dar, nicht als Mann des Geldes. Er bezeichnet sich selbst gern als mißratenen Philosophen – sozusagen als Hinweis auf die von ihm einst angestrebte Laufbahn, in der ihm jedoch kein Erfolg beschieden war. Er hatte den großen Traum geträumt, die Wissensspeicher der Welt über das Funktionieren dieser Welt und der darin lebenden Menschen auffüllen zu können. Ihn faszinierten der menschliche Geist, die Auffassungsgabe der Menschen, die Art und Weise, wie sie sich Wissen aneignen, und die Frage, ob es überhaupt möglich ist, sich über eine Sache Wissen anzueignen. Er stellte sich selbst die schwierigsten und komplexesten Fragen über das Dasein und dachte, wenn er verschiedene »Wahrheiten« über die Methoden des Wissenserwerbs entdecken könnte, würde er der Menschheit einen nachhaltigen Dienst erweisen. Auf diese Wissenssuche begab er sich bereits als Student und stieß dabei in den Bereich der Philosophie vor. Eine Zeitlang wollte er Philosophieprofessor werden. Während seines Studiums der Wirtschaftswissenschaften erweckte er in seinem Umfeld stets den Eindruck eines Besuchers, und nicht eines in dieser Studienrichtung Beheimateten.

Als Student fühlte er sich betrogen. Seiner Meinung nach ließen die Wirtschaftswissenschaftler das praktische Wissen über die Funktionszusammenhänge der Welt vermissen. Sie hingen großen Träumen nach, sprachen lediglich über Idealsituationen und meinten allen Ernstes, in der Welt regiere die Vernunft. Schon in jungen Jahren war sich Soros der Tatsache bewußt, daß in der Welt wesentlich mehr Chaos herrschte, als es die Sichtweise der Wirtschaftswissenschaftler zulassen wollte. Als er seine Theorien zu entwickeln begann – Wissenstheorien,

Geschichtstheorien und zum gegebenen Zeitpunkt auch Theorien über die Finanzwelt –, hakte er mit seinem Denkansatz bei der Überzeugung ein, die Welt sei in hohem Maße unvorhersehbar und durch und durch irrational – kurz gesagt, ein klares Weltbild sei so gut wie unmöglich.

Diese Theorien trug er in einem unveröffentlichten Buch unter dem Titel *The Burden of Consciousness* (Die Last des Bewußtseins) vor und versuchte vergeblich, auf jede mögliche Gelegenheit anwendbare Ideen zu formulieren, wie man es von Theorien eben erwartet. Sosehr ihn seine Unfähigkeit, Thesen von praktischem Wert zu entwickeln, bekümmerte, so sehr frustrierte ihn die Tatsache, daß er nicht in der Lage war, seine Ideen in eine lesbare Form zu bringen. Er selbst konnte seine eigenen Texte manchmal nur unter größten Schwierigkeiten nachvollziehen. Er gelangte zu dem Schluß, daß er es sich nicht mehr länger leisten konnte, ziellos in der Gedankenwelt umherzustreifen, und machte sich auf die Suche nach Welten, die er sehr wohl erobern konnte. In gewisser Hinsicht fiel ihm die Entscheidung nicht schwer. Er mußte sich seinen Lebensunterhalt verdienen. Warum sollte er nicht versuchen, allen diesen irregeleiteten Wirtschaftswissenschaftlern zu demonstrieren, daß er ein besseres Gespür für die Funktionsweise der Welt hatte als sie?

Er wollte soviel Geld wie möglich verdienen. Er wußte, daß die Welt der Hochfinanz das Potential für hohe Gewinne in sich birgt. Doch sind auch die Risiken hoch; das ist keine Welt für Zartbesaitete. Die Zartbesaiteten wandern mit der Zeit in andere Berufe ab. Sie können vielleicht ein paar gute Jahre freudvoll verbringen; irgendwann setzt ihnen jedoch die Verantwortung für das Geld anderer Leute gewaltig zu. Der Preis ist hoch und wird mit schlaflosen Nächten, kaum Freizeit und wenigen verbliebenen Freunden bezahlt. Soros selbst konnte seiner Meinung nach in dieser Welt sehr gut bestehen. Er ließ sich nicht so leicht aus der Fassung bringen, gab allerdings zu, ständig unter Spannung zu stehen. Aus der Geschichte seines wirtschaftlichen Erfolges läßt sich jedoch ablesen, daß er bei seiner Tätigkeit auf den Finanzmärkten in der Tat eiskalt agieren konnte.

Anlagestrategie

12

Nehmen Sie den nächsten Trend vorweg

George Soros hält ständig Ausschau nach plötzlichen Bewegungen auf den Aktienmärkten. Solche Veränderungen treten beispielsweise dann auf, wenn Investoren Aktien bestimmter Branchen bzw. Sektoren über einen langen Zeitraum hinweg keinerlei Beachtung schenken, sich dann aber schlagartig zu massiven Käufen solcher Aktien entschließen. Dergleichen abrupte Kursbewegungen können bei den betreffenden Aktien unter Umständen sich selbst verstärkende Prozesse in Gang setzen. Soros liegt immer sehr viel daran, seine Theorie an derartigen Aktien zu erproben, und er ist ständig auf der Suche nach solchen Prozessen der Selbstverstärkung.

Ist der Selbstverstärkungsmechanismus erst in Schwung gekommen, klettert der Aktienkurs in schwindelnde Höhen. Für die betreffende Aktiengruppe ist dies eine wunderbare Sache, denn die zugehörigen Unternehmen werden nun mehr Fremdkapital aufnehmen, verstärkt akquirieren und ihre Gewinne rapide steigen sehen. Bedauerlicherweise hält diese Entwicklung nur eine gewisse Zeit an, und mit wachsendem Konkurrenzdruck und zunehmender Marktsättigung wird die Aktie überbewertet. Vom anschließenden Kursverfall werden die Leerverkäufer gewaltig profitieren.

Soros' Trick besteht nun darin, solche abrupten Veränderungen vor allen anderen Investoren zu erkennen. Jimmy Rogers meinte dazu: »Uns interessiert nicht so sehr die Höhe des Gewinns eines Unternehmens im nächsten Quartal oder etwa, wieviel Aluminium verkauft werden wird.

Unser Interesse gilt vielmehr der Frage, auf wie breiter Basis soziale, wirtschaftliche und politische Faktoren die Geschicke einer Branche oder Aktiengruppe über einen bestimmten, in der Zukunft liegenden Zeitraum verändern werden. Klafft die Schere zwischen unseren Beobachtungen und dem Marktpreis einer Aktie weit auseinander – um so besser, denn dann stehen uns Gewinne ins Haus.«

Soros' Suche erstreckt sich ebenso auf ausländische Wirtschaften, die im Begriff sind, einen riesigen Sprung nach vorwärts zu tun. Er will auch von ausländischen Aktienmärkten profitieren und versucht herauszufinden, welche Länder gerade ihre Märkte für ausländische Investitionen öffnen, eine neue Politik zur Stabilisierung der Wirtschaft einschlagen oder sich zur Marktreform bekennen. Soros hofft stets, für sich durch einen Einstieg mit großen Investitionsvolumina einen Vorsprung herausschinden zu können. »Wie jeder gute Investor«, erklärte ein früherer Soros-Mitarbeiter, »versuchte er, mit dem kleinen Finger die ganze Hand zu fassen.« Soros nahm unausgereifte Märkte, wie sie beispielsweise in Frankreich, Italien und Japan existierten, ins Visier und hoffte, anderen Investoren gegenüber einen Vorsprung von sechs bis 18 Monaten herauszuschlagen. Dahinter steckt kein großes Geheimnis: Soros hatte sich diesen Trick früher als andere Investoren angeeignet.

Demgemäß kaufte er japanische, kanadische, niederländische und französische Wertpapiere. Im Laufe des Jahres 1971 hatte der Soros-Fonds ein Viertel seines Gesamtvolumens in japanischen Aktien investiert. Dieser Einsatz sollte sich lohnen, denn der Wert des Fonds verdoppelte sich.

Soros und Rogers wählten ihre Aktien höchst sorgfältig aus. Ein Bekannter teilte George Soros anläßlich einer Veranstaltung im Jahr 1972 mit, in einer nicht veröffentlichten Studie des US-Handelsministeriums sei die wachsende Abhängigkeit der USA von ausländischen Erdöllieferanten behandelt. Daraufhin kaufte der Soros-Fonds riesige Aktienvolumina von Erdölgesellschaften, Herstellern von Bohrausrüstungen und Betreibern von Kohlebergwerken und -aufbereitungsanlagen. Im gleichen Jahr sahen Soros und Rogers auch die Lebensmittelkrise voraus und erwirtschafteten mit dem Ankauf von Aktien von Düngemittelerzeugern, Herstellern landwirtschaftlicher Geräte sowie getreideverarbeitenden Betrieben beachtliche Gewinne. Ein Jahr später, 1973, wurde der arabische Erdölboykott verhängt, und die Aktienkurse der Energieunternehmen schnellten in die Höhe.

Etwa in dieser Zeit identifizierten Soros und Rogers die amerikanische Rüstungsindustrie treffsicher als potentielle gewinnträchtige Anlagequelle. Im Oktober 1973 wurde Israel durch militärische Angriffe der Ägypter und Syrer überrascht. In den ersten Kriegstagen befand sich Israel in der Defensive, hatte Tausende Verwundete und Tote zu beklagen und verlor eine stattliche Anzahl von Panzern und Flugzeugen. Soros zog daraus den Schluß, wenn die Militärtechnologie der Israelis veraltet war, müsse es um die amerikanische Militärtechnologie wohl ähnlich bestellt sein. Das Pentagon würde den veralteten Zustand seiner Waffen erkennen und hohe Summen in die Rüstungsindustrie investieren müssen.

Dieser Ansatz erschien den meisten Investoren als wenig lukrativ. Die Rüstungsbetriebe hatten gegen Ende des Vietnamkrieges so hohe Verluste eingefahren, daß die Finanzanalysten von der Rüstungsindustrie vorerst nichts mehr wissen wollten. Anfang 1974 jedoch begann Rogers, diese Branche unter die Lupe zu nehmen. Eine maßgeschneiderte Situation für Soros und Rogers – das in der Rüstungsindustrie steckende Potential bewog Rogers zu einer Reise nach Washington, wo er Gespräche mit Vertretern des Pentagons führte. Auch in anderen Teilen der USA ansässige Rüstungslieferanten des Pentagons besuchte er.

Soros und Rogers sahen sich in ihrer Annahme bestätigt, daß die anderen Investoren an einer großen Chance vorbeigehen würden. Mitte 1974 begannen sie systematisch Rüstungsaktien aufzukaufen, darunter Northrop, United Aircraft und Grumman. Obwohl Lockheed praktisch dem Untergang geweiht war, setzten Soros und Rogers auch auf dieses Unternehmen und investierten Ende 1974 in die Firma.

Rogers und er hatten sich immens wichtige Informationen über diese Firmen beschafft: Sie alle hatten bedeutende Verträge in der Hand, die, falls verlängert, den Unternehmen während der nächsten Jahre neue Gewinne bescheren würden. Anfang 1975 begann der Quantum-Fonds in Herstellerfirmen für elektronisches Kriegsmaterial zu investieren. Die Verluste der israelischen Luftwaffe während des Yom-Kippur-Krieges 1973 waren weitgehend auf den Mangel an hochmodernen elektronischen Geräten zur Neutralisierung der in den Händen der Araber befindlichen Waffen sowjetischer Herkunft zurückzuführen. Soros und Rogers blieb dies nicht verborgen. Es entging ihnen auch nicht, daß sich in der Gesamtkonstellation des modernen Kriegsschauplatzes ein Wandel vollzog. Nun bildete ein ganzes Arsenal neuer, moderner Waffen den letzten Stand der Technik: Sensoren, lasergesteuerte Artilleriegeschosse und die sogenannten »smart bombs«, Bomben, die sich ihr Ziel selber suchen. All das würde eine schöne Stange Geld kosten.

Anlagestrategie

13

Gehen Sie aufs Ganze

Wenn George Soros überzeugt ist, mit einem Investment richtigzuliegen, ist ihm kein Engagement zu hoch. In diesem Punkt unterscheidet er sich von anderen Großanlegern.

Investoren liegen mit ihren Beobachtungen der Markttrends häufig richtig. Da ihnen jedoch das Selbstvertrauen eines George Soros fehlt, überkommt sie ab einem gewissen Punkt die Angst, ihr Investment würde einen nachteiligen Entwicklungsverlauf nehmen. Diese Investoren gehen eine Position auf dem Aktienmarkt ein, sehen ein paar Tage oder Wochen lang den Kurs immer weiter in die Höhe klettern – und bekommen schließlich kalte Füße. »Das ist zu schön, um wahr zu sein«, pflegen sie dann zu denken und sagen sich, es sei nun an der Zeit auszusteigen, bevor sich die Lage ändert und sie ihren ganzen schönen Gewinn verlieren.

Soros hat für derartige Gedanken nur ein mildes Lächeln übrig. Der schlimmste Fehler, den ein Investor begehen kann, besteht nicht in zu gewagtem Handeln, sondern in einer zu konservativen Einstellung. Verrät ein Anleger Soros den Betrag, mit dem er in eine Aktie investiert hat, stellt dieser eine kritische Frage: »Sind Sie sich ganz sicher, daß der Kurs steigen wird?«

Lautet die Antwort »ja«, fragt Soros weiter: »Warum haben Sie dann bloß einen so geringen Betrag investiert?«

Im Dezember 1984 hatte George Soros sein Augenmerk auf Großbritannien gerichtet, wo gerade eine umfangreichere Privatisierungswelle im Anrollen war. Drei der dafür in Frage kommenden Firmen waren British Telecom, British Gas und der Automobilhersteller Jaguar. Soros kannte die Vorstellung der britischen Premierministerin Margaret Thatcher, jeder britische Staatsbürger sollte Aktien britischer Unternehmen besitzen. Um dieses Ziel zu erreichen, setzte die Regierung Thatcher den Emissionskurs der betreffenden Staatstitel unter dem Wert an.

Soros bat seinen Mitarbeiter Allan Raphael, sich Jaguar und British Telecom anzusehen. Die von Raphael durchgeführten Analysen über Jaguar überzeugten Soros, daß der Generaldirektor der Firma, Sir John Egan, ausgezeichnete Arbeit leistete und daß Jaguar der neue Renner unter den Importwagen in den USA wäre. Als die Jaguar-Aktie bei 160 Pence notierte, stieg der Quantum-Fonds mit 20 Millionen US-Dollar ein. Das entsprach etwa 5 Prozent seines Gesamtportefeuilles von knapp 449 Millionen US-Dollar. Manchen Leuten mag dies als ein enorm hohes Engagement erschienen sein, nicht jedoch George Soros.

Raphael traf sich mit Soros: »Ich habe Jaguar analysiert.«

»Was halten Sie davon?« fragte Soros.

»Die Art und Weise, wie die Firma ihr Wirtschaftsergebnis zustande bringt, gefällt mir wirklich. Ich glaube, wir liegen richtig mit unserem Engagement.«

Zu Raphaels Entsetzen griff George Soros zum Telefon und gab seinen Händlern den Auftrag: »Kauft weitere 250000 Stück Jaguar-Aktien.«

Raphael wollte Soros nicht die Laune verderben, fühlte sich jedoch verpflichtet, ein Wörtchen des Vorbehalts einzuwenden: »Entschuldigen Sie! Ich glaube, ich habe mich nicht deutlich ausgedrückt. Ich sagte: ›Wir liegen richtig.‹«

Raphaels und Soros' Auffassungen von »richtig« gingen offensichtlich auseinander. Raphael meinte: »Was wir bisher unternommen haben, ist richtig. Bevor Klarheit über die weiteren Entwicklungen herrscht, sollten wir unser Engagement jedoch nicht vertiefen.« Für Soros hieß das: »Wenn du die gegenwärtige Lage gutheißt, kannst du ruhig deinem Instinkt folgen und voll einsteigen!«

Soros brachte diese Einstellung seinem Mitarbeiter gegenüber auf den Punkt: »Sehen Sie, Allan, Sie erklären mir, das Unternehmen sei auf dem besten Weg in die Gewinnzone. Dies gilt zumindest für den Cash-flow und das, was Sie an Gewinn pro Aktie verdienen werden. Sie glauben, daß diese Aktie neu und damit höher bewertet werden wird. Die internationalen Investoren werden sich darauf stürzen. Die amerikanischen Anleger werden ebenfalls groß einsteigen. Und Sie sagen, der Kurs wird steigen.«

Soros stand hier wieder einmal vor einer Situation, die wie geschaffen dafür war, seine Reflexivitätstheorie in der Praxis zu erproben. Er hielt einen Kursanstieg der Aktie für wahrscheinlich. Er spürte, daß die Investoren in Kürze ein Faible für diese Aktie entwickeln würden, und das würde den Kurs weiter nach oben treiben. Es gab nichts, was Raphael Soros' Worten entgegenhalten konnte.

»Tja«, pflichtete Raphael ihm bei, »die Aktie wird mit Sicherheit steigen.«

»Kaufen Sie mehr«, beharrte Soros.

Trotz seines »Tja« fragte Raphael sich, ob Soros sich im klaren darüber war, was er hier tat.

»Wenn die Aktie steigt«, setzte Soros fort, »kaufen Sie nach. Kümmern Sie sich nicht darum, wie groß der prozentuelle Anteil der Aktie an Ihrem Portefeuille ist. Wenn die Sache stimmt, steigen Sie ein.«

Zum Zeichen, daß die Diskussion über diesen Fall für ihn beendet war, lächelte Soros und meinte knapp: »Nächster Punkt.« Er war sich hinsichtlich Jaguar und British Telecom seiner Sache sicher. Schon damals spürte er, daß mehr auf dem Spiel stand als die Bilanzen der Unternehmen. Was zählte, war die Intention Margaret Thatchers, die Privatisierungsaktien in Großbritannien unter dem Wert durchzusetzen.

Raphael war leicht schockiert und fürchtete, Soros würde Haus und Hof aufs Spiel setzen. Er hätte sich nicht sorgen müssen. Quantum verdiente mit Jaguar 25 Millionen US-Dollar.

Ein weiteres Beispiel für Soros' Risikofreudigkeit fand am 22. September 1985 statt. Damals saß die sogenannte »Fünfergruppe« (der amerikanische Finanzminister James Baker und die Finanzminister Frankreichs, der Bundesrepublik Deutschland, Japans und Großbritanniens) am Verhandlungstisch im New Yorker Plaza-Hotel und kam zu dem Schluß, daß der Anfang der achtziger Jahre sehr starke US-Dollar überbewertet sei und abgewertet werden müsse. Soros erkannte die Tragweite dieser Entscheidung. Der sogenannte »Plaza Accord« bedeutete, daß die Ära der freien Wechselkurse vorüber war und nun eine Politik des »dirty floating«, der inoffiziellen staatlichen Intervention, an deren Stelle trat. Soros hatte in Yen und D-Mark investiert. Er glaubte fest daran, daß sich der Plaza Accord auf seine Positionen günstig auswirken würde, und wollte aufs Ganze gehen. Er erhöhte seine Engagements, und die Gewinne prasselten nur so auf ihn nieder.

Eine ähnliche Haltung nahm Soros ein, kurz nachdem Stanley Druckenmiller 1988 für Quantum zu arbeiten begonnen hatte. Druckenmiller, der für Soros die Tagesgeschäfte übernommen hatte, konnte sich für den Dollar gar nicht begeistern und ging daher eine große Leerverkaufsposition gegen die D-Mark ein. Die Position begann sich zu seinen Gunsten zu entwickeln, und er war mit sich selber recht zufrieden.

Soros kam zufällig in Druckenmillers Büro und auf dieses Geschäft zu sprechen. »Wie hoch ist Ihre Position?« wollte er wissen.

»Eine Milliarde Dollar«, antwortete Druckenmiller.

»Das nennen Sie ›Position‹?« fragte Soros. Diese Frage ist mittlerweile zum geflügelten Wort an der Wall Street geworden. Soros überredete Druckenmiller, seine Position zu verdoppeln, und genau wie Soros vorhergesagt hatte, lukrierte der Quantum-Fonds noch höhere Gewinne.

Druckenmiller dazu: »Von Soros habe ich gelernt, daß man aufs Ganze gehen muß, wenn man von einem Geschäft felsenfest überzeugt ist. Ein Schwein zu sein erfordert Mut. Ebensolchen Mut erfordert es, eine Gewinnchance mit großen Future-Geschäften zu machen. Für Soros ist klar, daß man gar nicht genug verdienen kann, wenn man sich einer Sache sicher ist.«

Das klassische Beispiel für Soros' Mut war sein Zehn-Milliarden-Dollar-Einsatz im September 1992, als er darauf spekulierte, daß Großbritannien das britische Pfund abwerten werde. Stan Druckenmiller kann als Erfolg für sich verbuchen, als erster auf die Wahrscheinlichkeit einer Abwertung des britischen Pfunds hingewiesen zu haben. Als er Soros seine Absicht ankündigte, eine Position gegen das Pfund eingehen zu wollen, hörte er Soros genau zu, als dieser herauszufinden versuchte, wie fest überzeugt Druckenmiller von der Sache war. Druckenmiller erklärte, er sei sich seiner Sache ganz sicher.

»Dann gehen Sie aufs Ganze«, trug Soros ihm auf. »Denn eine solche Chance finden Sie im Leben nur einmal. Das Risiko-Gewinn-Verhältnis ist sehr günstig, und Quantum sollte hier in größerem Stil als üblich einsteigen.« Druckenmiller befolgte Soros' Rat. So war Soros für den Einflußgrad, den die Quantum Group of Funds auf die

Devisenmärkte ausübte, verantwortlich; die grundsätzliche Entscheidung, britische Pfund leer zu verkaufen, hatte Druckenmiller getroffen.

Druckenmiller verkaufte also in Soros' Auftrag Pfund Sterling im Gegenwert von 10 Milliarden US-Dollar. Als Großbritannien das Pfund am 15. September 1992 abwertete, stellte sich Soros' Einschätzung als richtig heraus, und er erzielte einen Gewinn in Höhe von 958 Millionen Dollar. Stanley Druckenmiller ist der Ansicht, als wichtigste Lektion habe er von Soros gelernt, »daß es nicht darum geht, ob man richtig- oder falschliegt, sondern wie hoch der Gewinn ist, wenn man richtigliegt, und wie hoch der Verlust ist, wenn man falschliegt. Bei den wenigen Gelegenheiten, bei denen ich bislang Kritik von Soros einstecken mußte, war ich mit meiner Markteinschätzung zwar völlig richtiggelegen, hatte es aber verpaßt, die Gelegenheit ganz auszuschöpfen.«

Anlagestrategie

14

Hören Sie auf die Großen der Finanzwelt

Auch wenn man sich mit George Soros' Finanztheorie intensiv auseinandersetzt, gewinnt man einen nur teilweisen Einblick in seine Handelspraktiken. So viel gesteht Soros zu: daß man mit Analyse auf intellektueller Basis nur bis zu einem gewissen Punkt gelangt. Alles Weitere ist Instinktsache. Soros gibt zu, daß der Erfolg keinesfalls als Bestätigung seiner Theorie gelten kann, er ist kein wissenschaftlicher Beweis. Hier muß noch etwas anderes zum Tragen kommen.

Und das ist auch der Fall. Soros' Theorie gab Rahmenlinien vor, anhand deren sich seine Erkenntnisse über das Funktionieren der Finanzmärkte erklären lassen. Nicht entschlüsseln läßt sich damit allerdings, wie George Soros auf den Finanzmärkten tatsächlich vorgeht. Dies fällt unter die Geheimnisse, die Soros tief in seinem Innersten bewahrt.

Da Soros' Theorie nicht sämtliche Schlüssel zu seinen Leistungen und Errungenschaften preisgibt, könnte man geneigt sein zu meinen, er habe einfach Glück gehabt; er verfüge über den Instinkt eines Glücksspielers, und dieser Instinkt habe ihn lange Zeit recht gut geleitet.

Nur wenige seriöse Analysten messen diesen Ansichten Glaubwürdigkeit bei. Soros ist kein Spieler, wie Robert Miller, einer seiner ältesten Anhänger, Vizepräsident der amerikanischen Investmentbank Arnhold & S. Bleichroeder, anmerkt: »Wenn Soros eine Konstellation für richtig hält, wird er investieren, weil er die Sache eben nicht als Glücksspiel betrachtet. Ganz und gar nicht. Er faßt sie als wirtschaftliches Szenario auf. Und gleichgültig, wie dieses wirtschaftliche Szenario aussieht – ob nun beispielsweise das britische Pfund im Vergleich zu den übrigen europäischen Währungen überbewertet ist –, trifft er eine wirtschaftliche Entscheidung. Ich würde das überhaupt nicht als Glücksspiel werten.«

Es steckt also mehr dahinter, als einfach zu würfeln und auf eine Sechs zu hoffen.

Soros' Vorgehensweise ist als das Zusammenspiel einer ganzen Reihe von Fähigkeiten zu verstehen, die in dieser Kombination vielleicht einmalig vorkommen.

Da wäre zum Beispiel sein enormes intellektuelles Potential zu nennen. Während andere Marktteilnehmer mit Müh und Not die Entwicklung einer einzelnen Aktie, einer Branchengruppe oder einer an der Börse gehandelten Ware zu verfolgen in der Lage sind, nimmt Soros es jederzeit mit ganzen makroökonomischen Themenkreisen auf, komplexe globale Marktszenarien inbegriffen.

Im Gegensatz zu den meisten anderen Investoren spürt er Trends, Bewegungen und Rhythmen, die sich aus öffentlichen Stellungnahmen und Entscheidungen der Großen in der Finanzwelt abzeichnen.

Besser als manche anderen durchschaut Soros Kausalzusammenhänge der Wirtschaftsräume der Welt. Tritt der Fall A ein, muß zuerst B und dann C folgen. Daran gibt es nichts zu rütteln. In der Tat liegt darin einer der wichtigsten Schlüssel für George Soros' Investitionserfolge.

Von verschiedenen Seiten wird Soros eine gewisse Skrupellosigkeit nachgesagt, die durch die Vielzahl seiner weltweiten Kontakte verstärkt wird. Der Mann hat sicherlich Freunde. Das sei zwar kein Verbrechen, versichern seine Kritiker eilfertig. Diese Freunde haben jedoch hohe Positionen inne. Auch das, räumen die Kritiker rasch ein, sei noch kein Haftgrund. Und doch hält sich in den Köpfen mancher Leute hartnäckig der Gedanke, hinter den Beziehungen aus Soros' Old-Boys-Netzwerk müsse sich ein dunkles Geheimnis verbergen.

Die Zeitung *Observer* beispielsweise spielte auf Soros' enge Beziehungen zu dem Übernahmeakrobaten Jimmy Goldsmith und zu Nils O. Taube an, dem für Geldanlagen zuständigen Spitzenmanager Lord Rothschilds: »Beziehungen dieser Art, hinter denen man eine Bande von Insidern vermuten könnte, lassen immer mehr traditionelle Großanleger dann und wann die Stirn runzeln, wenn der Name Soros fällt. Seine Mitarbeiter mögen von einem sechsten Sinn reden, doch selbst manche ihrer Kommentare lassen den Eindruck aufkommen, Soros habe sich ein umfangreiches Netzwerk zur Informationsbeschaffung aufgebaut.«

Aber: Ist es wirklich so schlimm, Freunde zu haben – und zwar an der richtigen Stelle?

Gary Gladstein, Manager für Soros' Fund Management, erklärt bereitwillig die Fähigkeit des Guru Soros, makroökonomische Trends in aller Welt aufzugreifen, und streicht dabei auch den ausgedehnten Freundeskreis dieses Mannes heraus: »George hat Freunde – Intellektuelle – und verfügt über unzählige Kontakte in aller Welt. Es passiert häufig, daß er mit den Worten ins Büro kommt: ›Mich interessiert das Land A, rufen Sie X an ...‹ Außerdem hat er während seiner gesamten Laufbahn auf die Meinung unabhängiger Berater aus allen Teilen der Welt vertraut. Schauen Sie sich bloß sein Adreßbuch an.«

Anlagestrategie

15

Treten Sie rechtzeitig den Rückzug an

Eine der Grundlagen zu George Soros' Investitionserfolg ist seine Fähigkeit, als Investor zu überleben. Die Überlebensfrage ist ein so bedeutender Aspekt einer Anlagestrategie, daß ihre Erwähnung beinahe prosaisch anmuten mag. Und doch verdient Soros' Einstellung zu diesem Thema besondere Aufmerksamkeit, denn hier scheint bei ihm auf den ersten Blick ein großes Paradoxon vorzuliegen. Handelt es sich bei Soros nicht um den klassischen Risikoanleger? Ermutigt er nicht andere Manager zu immer größeren Engagements? Ist er nicht der »King of Leverage« schlechthin?

Allerdings. Die Erinnerung, an welch dünnem Faden sein Leben während des Zweiten Weltkriegs gehangen war, hat bei Soros jedoch zu einer Wachsamkeit geführt, die einen wesentlichen Bestandteil seines Anlageinstrumentariums bildet.

In seinem 1987 erschienenen Buch *Die Alchemie der Finanzen: Wie man die Gedanken des Marktes liest* schreibt er:

Als halbwüchsigen Jugendlichen hat mich der Zweite Weltkrieg etwas gelehrt, was ich niemals vergessen habe. Zu meinem großen Glück hatte ich einen Vater, der sich als geflohener Kriegsgefangener während der Russischen Revolution hohe Fertigkeiten in der Kunst des Überlebens angeeignet hatte. Unter seiner Anleitung diente mir der Zweite Weltkrieg als Fortgeschrittenenkurs in zartem Alter ... Das Anlageinstrument, das ich ein Vierteljahrhundert später entwickelte, stützt sich weitgehend auf Fähigkeiten und Fertigkeiten, die ich mir als Jugendlicher angeeignet hatte.

Die Verwaltung eines Hedge-Fonds strapazierte sein Überlebensgeschick aufs äußerste.

Durch ein Leverage, d. h. durch die Finanzierung einer Investition durch Fremdkapital, lassen sich bessere Resultate erzielen – sofern alles glattgeht. Andererseits kann sie einen, wenn sich die Ereignisse nicht erwartungsgemäß entwickeln, von der Bildfläche verschwinden lassen. Eine der am schwierigsten zu bewältigenden Aufgaben ist die Beurteilung des gerade noch tragbaren Risikos. Dafür gibt es keinen universell gültigen Maßstab: Jede Situation ist nach eigenen Kriterien zu beurteilen. Letzten Endes muß man sich auf seinen Überlebenstrieb verlassen.

Auf die Frage, welche Charaktereigenschaften George Soros' für dessen anlagetechnische Bravourstücke verantwortlich seien, meinte Allan Raphael, der in den achtziger Jahren mit ihm zusammenarbeitete: »George kennt seine Grenzen.« Andere Investoren kamen zum selben Ergebnis, auch wenn sie es anders ausdrückten. In der Praxis bedeutete Überlebenskunst für Soros nicht so sehr, daß er wußte, daß er eine Aktie richtig eingeschätzt hatte, als vielmehr zuzugeben, daß er mit einem Investment falschlag. Dann hieß es, eher zu früh als zu spät aus einem Engagement auszusteigen und sich über ein Verhalten, das andere vielleicht als Sprunghaftigkeit bezeichnen würden, nicht allzu viele Gedanken zu machen.

Jim Marquez, der als Investor sowohl mit George Soros als auch Michael Steinhardt zusammengearbeitet hat, hat den Eindruck gewonnen, daß gerade dieser Überlebenstrieb Soros in das besagte sprunghafte Verhalten drängt: »Er macht kein Hehl daraus, zuzugeben, daß seine Handlungen manchmal äußerst dilettantisch, kurios und verkehrt erscheinen, wenn er dann verkauft, wenn der Kurs im Keller ist, oder zu einem hohen Kurs kauft. So stand er das Börsentief des Jahres 1987 durch, indem er Futures verkaufte. Im Lichte seiner erklärten Mission läßt sich dies allerdings wesentlich leichter verstehen: »Tags darauf wiederkommen und weiterkämpfen können!« Zitat Soros: ›Ich möchte nicht als Pleitier aufwachen!‹«

Das stellte er beispielsweise während des Börsenkrachs im Oktober 1987 sicher. Am Mittwoch vor jenem Schwarzen Montag, dem 19. Oktober 1987, hielt Soros einen Vortrag an der John F. Kennedy School of Government an der Harvard-Universität und sprach über seine Boom/Bust-Theorie. Nach dem Vortrag stellte er fest, daß inzwischen riesige Wertpapiervolumina auf den Markt geworfen worden waren. Er wünschte sich, er hätte selbst im Büro sein und Verkäufe tätigen können. Zwar hatte er das Unheil vorausgesehen, doch hatte er vermutet, das Gewitter würde sich zuerst über Japan zusammenbrauen, und war Leerverkaufspositionen auf dem japanischen Finanzmarkt eingegangen. Aber es war der amerikanische Aktienmarkt, an dem er Long-Positionen hatte, der als erster zusammenbrach. Seine Short-Positionen in Japan entwickelten sich zum Problem und zwangen ihn zum Abstoßen seiner Positionen in den USA. Da er einen sogenannten Margin Call, die Zahlung von Einschüssen, vermeiden wollte, zog er sich rasch aus dem japanischen Markt zurück. Damit blieb er einem seiner geheiligten

Prinzipien treu: »Überleben hat Vorrang, Geld verdienen kann man auch später!« (Er legte im Jahr 1987 letztlich dennoch 14 Prozent gegenüber dem Vorjahr zu.)

Rückblickend läßt sich sagen, daß Soros während des Marktzusammenbruchs aus einigen Engagements zu früh ausgestiegen ist. Jim Marquez meint allerdings, George Soros hätte hier sein klassisches Verhalten an den Tag gelegt: Er zog sich von einem Schlachtfeld zurück, um zu überleben und am nächsten Tag wieder weiterkämpfen zu können. Zwar mußte Soros aufgrund des von ihm gewählten Ausstiegszeitpunkts massive Verluste einstecken, gleichzeitig gelang es ihm damit jedoch, noch schlimmere Einbrüche in seinen Engagements zu vermeiden.

»Vielen Leuten fällt es schwer, ein solches Ergebnis zu akzeptieren«, meinte Marquez, »Soros kann das, weil sein ausgeprägtes Selbstvertrauen ihn an ein Comeback glauben läßt. Natürlich schaffte er dieses Comeback auch. Seine größten Erfolge feierte er nach 1987. Ich würde sagen, hierin liegt eine Botschaft für uns alle.«

Diese starke Gewichtung der Überlebensfrage erweckt den Eindruck, George Soros sei in die Reihen der Konservativen einzuordnen, wenn es um sein Verhalten an den Finanzmärkten geht. Wenn er tatsächlich so vorsichtig ist, wie läßt sich diese Vorsicht wohl mit der Bereitschaft zum Risiko vereinbaren, die man ihm und anderen Hedge-Fonds-Kaisern nachsagt? Ganz einfach: Die risikofreudigsten Draufgänger wirken nach außen hin oft wild und unbesonnen; in Wirklichkeit zählen sie jedoch zu den besonnensten, vorsichtigsten Charakteren. Das müssen sie auch – um am Ball zu bleiben.

Als logische Konsequenz zu Soros' Einstellung zur Überlebensfrage ist die Anlagestrategie 16 zu sehen.

Anlagestrategie

16

Gestehen Sie Ihre Fehler ein

George Soros gewinnt dem Zustand der persönlichen Unsicherheit, der aus der Erkenntnis resultiert, er könnte mit einem Engagement falschliegen, auch positive Seiten ab. Denn dadurch muß er stets auf der Hut sein und ist in der Lage, seine Fehler zu korrigieren. Vielerorts herrscht die Meinung, Irrtümer in der Einschätzung des zukünftigen Verhaltens von Finanzmärkten seien eine Schande. Soros ist auf Fehleinschätzungen vielleicht nicht gerade stolz, seiner Ansicht nach gehören sie jedoch einfach dazu. Und zu schämen braucht man sich gewiß nicht. In diesem Sinne gleicht er einem Baseballspieler mit einer durchschnittlichen Trefferquote von 300, der von seiner Leistung begeistert ist, obwohl er bei sieben von zehn Schlaggelegenheiten nicht erfolgreich geschlagen hat! Man kann ihn auch mit einem Wissenschaftler vergleichen, der weiß, daß der Weg zu jeder großen Entdeckung mit unzähligen Fehlschlägen gepflastert ist.

Wenn Soros unvollkommenes Verständnis als Teil des menschlichen Wesens akzeptiert, dann weist er damit jede negative Einstellung in bezug auf Fehlschläge oder Fehler zurück. Es ist zwar keine Schande, sich zu irren, findet er, wohl aber, die eigenen Fehler nicht zu berichtigen, sobald man sie erkannt hat.

Soros gibt gerne zum besten, er unterscheide sich von den anderen Investoren nicht so sehr dadurch, daß er öfter recht habe als sie, sondern vor allem dadurch, daß er seine eigenen Fehler besser erkenne. Und tatsächlich besteht eine seiner bevorzugten Investmentstrategien darin, die

Richtigkeit einer Investitionsentscheidung laufend zu überprüfen. Immer wieder stellt er Investmenthypothesen auf, um sie daraufhin auf ihre Richtigkeit zu überprüfen, und hofft dabei herauszufinden, ob der gegenwärtige Lauf der Ereignisse seinen Erwartungen hinsichtlich des Marktverhaltens entspricht. Entwickelt sich die Sache anders als erwartet, ist ihm ein Fehler unterlaufen. Auf Basis seiner Tests versucht er, der Ursache dafür auf den Grund zu kommen. Sobald er diese Ursache zu kennen glaubt, wird er sein Investitionsmodell vielleicht ändern – oder gar völlig verwerfen – müssen, auch wenn er den Investitionsansatz ungern nur deshalb ändert, weil die Rahmenbedingungen anders geworden sind. Diese Rahmenbedingungen könnten schließlich kurzlebig sein und nicht unbedingt ein Signal für eine tatsächliche Änderung der Situation. Soros wird jedenfalls herauszufinden versuchen, ob ein neues Element auf der Bildfläche erschienen ist, das Auswirkungen auf ein bestimmtes Investment zeigen könnte – und, wenn ja, welches. Ihm liegt nichts daran, aus einem Engagement nur deshalb auszusteigen, weil sich die Dinge nicht nach seinem Konzept entwickeln. Das letzte, was er tun würde, wäre einfach still dasitzen und eine Wende der Ereignisse zum Negativen hin außer acht lassen. Ihm kommt es darauf an, auf der Hut zu sein, laufend zu beobachten, immer wieder zu überprüfen – so daß er im Fall des Falles, sollte etwas eintreten, das sich auf seine Investments auswirken könnte, gewappnet und bereit ist, die Ursachen der Entwicklung zu erkennen.

Anlagestrategie

17

Setzen Sie nicht Haus und Hof aufs Spiel

Die Überlebenskunst des George Soros besteht zum guten Teil darin, daß er gelernt hat, niemals alles zu riskieren. Als wichtigste Lektion hat er von seinem Vater mitbekommen: Risiken einzugehen ist ganz in Ordnung, doch man darf dabei niemals Haus und Hof aufs Spiel setzen.

Als George Soros sich das ganze Jahr 1944 über vor den Nazis verstecken mußte, hatte er keine andere Wahl, als alles zu riskieren. Wäre er mit seinen gefälschten Papieren erwischt worden, hätte das sein Todesurteil bedeutet. Später, in seiner Finanzkarriere, hatte er mehr Spielraum. Er mußte keine Entscheidung treffen, in der es um Leben oder Tod ging. Er konnte Risiken ohne die Sorge eingehen, daß ihm ein Versagen das Leben kosten würde. Ein gewisses Risiko hat ihn immer schon gereizt, solange es dazwischen Atempausen gab.

»Überleben ist das wichtigste. Ich möchte keine Risiken eingehen, die mich tatsächlich zerstören könnten«, erklärte Soros einem Fernsehjournalisten am Höhepunkt seines Erfolges im Jahr 1992.

Ganz abgesehen davon pflegt ein guter Investor bei einer Anlage nicht aufs Ganze zu gehen. Soros-Mitarbeiter, die sich auf ein Glücksspiel mit hohem Einsatz einließen, wurden sehr rasch an die Kandare genommen. Allerdings gesteht Soros ein, daß es auch sinnvoll sein kann, bei einem Investment bis zum Äußersten zu gehen – man kann sich damit eine sichere Meinung bilden und Klarheit über das Verhalten der Finanzmärkte verschaffen. Soros gibt auch zu, daß er das Risiko braucht, um seinen Adrenalinspiegel anzuheben. Die Gefahr regt ihn an. Nicht daß er die Gefahr lieben würde – doch braucht er einfach das Gefühl, auf dem Markt voll engagiert zu sein, sich mit vollem Einsatz am Spiel zu beteiligen.

Um es mit Soros' Worten zu sagen: »Setzen Sie niemals Haus und Hof aufs Spiel, stehen Sie aber auch nicht untätig herum, wenn sich Geld verdienen läßt.«

Anlagestrategie

18

Legen Sie
Denkpausen ein

Für Soros hat das Spiel häufig eine langfristige Perspektive, denn die Auswirkungen von Zins- und Wechselkursschwankungen können auf sich warten lassen und einem manchmal viel Geduld abverlangen. Soros hat diese Geduld, an der es anderen Anlegern oft mangelt.

Er meinte dazu: »Um Erfolg zu haben, braucht man Muße. Man muß sich massenhaft Zeit lassen können.«

Byron Wien, ein enger Mitarbeiter Soros', empfand diese Charaktereigenschaft seines Chefs als eine eigene Art von Gelassenheit, mit der dieser an das Leben und an die Finanzwelt herangeht.

»Er will nicht von anderen Leuten abhängig sein«, meinte Wien. »Manche Investoren tun den ganzen Tag nichts anderes als mit Brokern reden.

So sollte man nach Meinung Soros' seine Zeit nicht verbringen. Soros unterhält sich lieber nur mit einigen wenigen Personen, die ihm wirklich eine Hilfe sein können. Die restliche Zeit liest er, überlegt und denkt nach. Er sucht Menschen mit Gespür für philosophische Fragen. Leute, die ein riesiges Vermögen angehäuft haben, jegliche Gemütsregungen jedoch vermissen lassen, interessieren ihn nicht. So mag er nicht arbeiten.

Einmal … sagte er zu mir etwas, was sich als sehr nützlich erwiesen hat: ›Der Jammer mit Ihnen, Byron, ist, daß Sie jeden Tag zur Arbeit kommen und glauben, etwas tun zu müssen, weil Sie schon mal da sind. Ich komme nicht jeden Tag ins Büro. Ich komme nur dann, wenn es mir auch sinnvoll erscheint, herzukommen … An solchen Tagen tue ich aber auch wirklich etwas. Sie aber sind immer hier und geschäftig, merken aber nicht, wann ein besonderer Tag gekommen ist.‹«

Anlagestrategie

19

Beißen Sie die Zähne zusammen

George Soros gibt zu, daß er es haßt, Geld zu verlieren. Das Schlimmste, was man bei Verlusten tun kann, ist, die eigenen Gefühle zu unterdrücken. Verletzter Stolz und Zorn sind natürliche Reaktionen auf erlittene Verluste. Doch die meisten wollen ihre Schlappen verbergen, nicht an die Öffentlichkeit gelangen lassen. Schließlich steht der eigene gute Ruf auf dem Spiel, und die Gelder der Kunden schrumpfen.

Soros aber meint, es wird alles nur schlimmer, wenn man seine Reaktionen auf Verluste für sich behält. Man muß wissen, wie man solche Verluste durchsteht, wie man dem dadurch ausgelösten Leidensdruck standhält. Andernfalls kann man nicht über einen langen Zeitraum im Geschäft bleiben. Kurz gesagt, man muß ruhig und gelassen und ohne Furcht und Emotionen mit anderen über die Verluste reden können. Die Entdeckung, daß auch andere Leute Verluste verkraften mußten und noch immer präsent sind, ist tröstlich.

Risiken geht man Tag für Tag ein. Das ist ein Teil des Drucks, denn man ist sich der Tatsache bewußt, daß man irgendwann schwere Verluste einfahren könnte. Ist man für diesen Druck und Streß nicht gerüstet, so sollte man nach Meinung Soros' besser aussteigen. Keineswegs sollte man mit dem Gedanken spielen, lange Zeit im Geschäft zu bleiben. Um mitspielen zu können, bedarf es der Ruhe und Gelassenheit.

Soros ist ein Stoiker, wie er im Buche steht. Seinem Beispiel zu folgen lohnt sich. Stoische Gelassenheit erfordert

Mut. Wie sonst ließe sich die Objektivität erklären, mit der Soros in Größenordnungen kauft und verkauft, die jenseits jeder Vorstellung liegen? Er selbst würde seine Couragiertheit leugnen und behaupten, daß der Schlüssel zum Investitionserfolg bloß darin liege, zu wissen, wie man überlebt. Diese Überlebensfrage bedeutet zeitweise, konservativ vorzugehen, wenn nötig, Verluste zu begrenzen und stets einen hohen Anteil an Aktiva aus dem Spiel herauszuhalten.

Viele Leute würden, wenn sie über Hunderte Millionen Dollar entscheiden müßten, vor Angst schlottern und keinen Schlaf mehr finden. Soros hingegen beweist eiserne Nerven, wenn er mit hohen Einsätzen spielt.

Während anderen Großanlegern ab und an ihr Ego im Weg steht, wenn sie intelligente Marktentscheidungen fällen sollten, hat Soros begriffen, daß nur der objektive Investor ein kluger Investor ist. Unfehlbarkeit für sich zu beanspruchen hat keinen Sinn. Selbsttadel ist zwecklos, wenn eine Aktie sich nicht in die erwartete Richtung bewegt. Besser sollte man seinen Fehler zugeben – und aus dem Engagement aussteigen.

Es war im Jahr 1974, und Soros spielte gerade mit einem Bekannten Tennis. Das Telefon läutete. Ein Broker aus Tokio ließ Soros eine vertrauliche Mitteilung zukommen. Zu dem Zeitpunkt war Watergate in vollem Gange, und Präsident Richard Nixon steckte knietief in dem Skandal, der ihn noch im gleichen Jahr zu Fall bringen sollte. Der Broker rief Soros an, um ihm mitzuteilen, daß die Japaner die Nachrichten über Nixons Schwierigkeiten gar nicht gut aufnahmen.

Soros hatte sich auf dem japanischen Aktienmarkt mit hohen Summen engagiert und mußte nun eine Entscheidung fällen – drinbleiben oder aussteigen? Sein Tennispartner bemerkte die Schweißperlen auf Soros' Stirn, die während des Matches nicht dagewesen waren. Und dennoch traf Soros seine Entscheidung in Bruchteilen einer Sekunde. Er befahl zu verkaufen. Keinen Augenblick zögerte er vor einem so gewaltigen Schritt und hielt es auch nicht für nötig, sich mit jemandem zu beraten. Sein enormes Selbstvertrauen ließ keinerlei Bedenken zu. Für kurze Zeit mag ihm der Schweiß auf der Stirn gestanden sein, doch der rührte zweifelsohne vom Tennisspiel her und keineswegs von der Investitionsentscheidung, die er soeben getroffen hatte.

Allan Raphael, ein Mitarbeiter Soros' in den achtziger Jahren, ist überzeugt, daß Soros' stoische Gelassenheit von unschätzbarem Wert für den Investor ist. Dieser Charakterzug sei selten anzutreffen, versichert er. »Sie können die Leute an den Fingern einer Hand abzählen. Wenn George sich geirrt hat, steigt er Hals über Kopf aus. Er beharrt nicht darauf, recht zu haben. Er gibt zu: ›Ich habe mich geirrt!‹ und steigt aus, denn wenn Sie eine miese Position in Ihrem Portefeuille führen, wird diese Sie auffressen. Sie werden unentwegt daran denken – nachts, zu Hause. Sie frißt Sie auf und lenkt Sie von wesentlichen Dingen ab. Dieses Geschäft ist hart. Wäre es leicht, so könnten es auch Parkwächterinnen machen. Man braucht dazu ungeheure Disziplin, enormes Selbstvertrauen, und man darf sich vor allem keine Wehleidigkeit leisten.«

Wer ist George Soros?

George Soros ist kein Hüne, aber athletisch gebaut, und seine Gesichtszüge sind markant. Er trägt eine Brille, und sein leicht welliges Haar ist meist kurz geschnitten. Manche behaupten, er sehe aus wie ein Professor der Wirtschaftswissenschaften, andere wiederum entdecken Ähnlichkeiten mit einem Schilehrer. An seinem – ausgezeichneten – Englisch lassen sich Nuancen eines ungarischen Akzents erkennen. Ein Autor beschrieb ihn als »ernsten, gedrungen gebauten Mann mit hochgezogenen Brauen, kantigem Kinn und schmalen Lippen. Er trägt einen Bürstenhaarschnitt. Seine Stimme ist monoton, sein Tonfall etwas schroff.« Ein anderer meinte: »Sein entspanntes Äußeres und sein singender ungarischer Akzent verleihen ihm das Gehabe eines europäischen Granden. Seine Stirn ist in Furchen gelegt und läßt erahnen, daß er viele Stunden über die Weltlage nachgesonnen hat – der Eindruck eines Wissenschaftlers, den er sorgsam pflegt.« Einem Journalisten der Zeitung *The*

Observer schien Soros geradewegs aus europäischem Guß zu sein: »Er ist eine ... elegante Erscheinung, der die unauslöschliche Vornehmheit und verhaltene Ironie der österreichisch-ungarischen Kaffeehausgesellschaft anhaftet. In jüngeren Jahren hätte man ihn sich unschwer zusammen mit Trotzki bei einem Mokka und einer Partie Schach im alten Wiener Café Central vorstellen können.«

Die britische Tageszeitung *The Independent* faßte Soros' Erscheinungsbild so zusammen: »Er ist kein schillernder Gordon Gekko, der Antiheld von Wall Street, dieses für die achtziger Jahre typischen Films. Er sieht zehn Jahre jünger aus, als er tatsächlich ist, wahrscheinlich deshalb, weil er sich mit Haut und Haar dem Tennisspiel verschrieben hat, dem glamourösen Lebensstil, den New York den wirklich Reichen zu bieten hat, aber herzlich wenig Interesse abgewinnt. Er trinkt und raucht nicht, seine Ernährungsgewohnheiten sind bescheiden. Er entspricht dem Erscheinungsbild eines ehrlichen, nicht allzusehr auf sein Äußeres bedachten Professors aus einem mitteleuropäischen Land.«

Geld hat George Soros immer nur eher am Rande interessiert.

Er hatte es sich niemals zum Lebensziel gesetzt, ein Investor von Weltrang zu werden und ein riesiges Vermögen anzuhäufen. Vielmehr wollte er Ideen umsetzen und fühlte sich dem Reich des Intellekts stets verbundener als der Finanzwelt. Und dennoch fiel ihm eine schöne Stange Geld relativ leicht zu. Vielleicht empfand er dieses Geld deshalb als gewissermaßen mit einem Makel behaftet, wenngleich Spekulation in seinen Augen keineswegs unmoralisch ist und es sich dabei auch nicht einfach um eine andere Form des Glücksspiels handelt. Jenen Personen gegenüber, die ihm Packeleien auf den Finanzmärkten vorwarfen, bemühte sich Soros um keinerlei Entschuldigung wegen seiner unglaublichen Finanzerfolge. Gerne begegnet er derartigen Angriffen mit der Antwort, wenn nicht er das Geld scheffeln würde, würde es ein anderer tun. Und doch gelangte er irgendwann zu dem Schluß, er besitze mehr Geld, als er zu einem Leben mit allem Komfort brauche.

Ende der siebziger und in den frühen achtziger Jahren empfand Soros seine Tätigkeit als Investor als allzu mühsam. Mühsam deshalb, weil der von ihm gemanagte Investmentfonds wesentlich stärker angewachsen war, als er sich jemals vorgestellt hatte. Als Mühe und Plage empfand er seine Tätigkeit auch aufgrund der Tatsache, daß er nun schon so lange im Geschäft war und jede einzelne Anlage aufmerksam verfolgte.

Er ist ein Überlebenskünstler. Diese Kunst hat er von seinem Vater gelernt und während des Zweiten Weltkrieges praktiziert, als er sich das Jahr 1944 über in Budapest vor den Nazis verstecken mußte. Ein Überleben auf den Finanzmärkten macht gelegentlich einen schnellen Rückzug erforderlich. Einen solchen trat Soros Anfang der achtziger Jahre an. Er zog sich aus der vordersten Linie zurück und überließ das Management des Fonds anderen. Auch faßte er einen bedeutenden Entschluß. Er wollte mehr vom Leben, mehr als Gelder anzulegen. Er wollte sein Geld sinnvoll einsetzen. Er dachte an eine Spende – es sollte aber nicht irgendeine Spende sein, sondern eine, an die man sich immer erinnern würde.

Nicht daß er Geld verabscheut hätte. Ganz im Gegenteil, er gab zu, in gewisser Weise raffsüchtig zu sein: »Ich halte mich noch immer für egoistisch und gierig. Ich bin sicher kein Heiliger. Ich habe sehr ausgeprägte Bedürfnisse und denke zuallererst an mich selbst.«

Nachdem er beschlossen hatte, was er mit seinem Geld anstellen wollte, konnte er nach Belieben darangehen, es auszugeben. Er mußte sich dazu weder mit einem Firmenvorstand noch mit Familienmitgliedern beraten. Er war sich dieser Entscheidungsfreiheit bewußt und wollte sichergehen, eine kluge Wahl zu treffen.

Schließlich faßte er sein Geburtsland Ungarn und die angrenzenden osteuropäischen Staaten, in der Folge auch die – ehemalige – Sowjetunion als Ziele für seine Wohltätigkeit ins Auge. Soros hatte Ungarn Jahre zuvor verlassen, weil er sich mit den dort herrschenden politischen Systemen nicht abfinden konnte – zuerst mit dem Faschismus während des Zweiten Weltkrieges, später mit dem Kommunismus der Nachkriegsjahre. Die sogenannten »geschlossenen« Gesellschaften, die in ganz Osteuropa und in der Sowjetunion entstanden waren, waren ihm ein Dorn im Auge. Seiner Idealvorstellung eines politischen Systems entsprach ein Modell mit größtmöglicher politischer und wirtschaftlicher Freiheit, wie dies beispielsweise in den Vereinigten Staaten und in Westeuropa der Fall war.

Die Herausforderung, ein Loch in den Zaun rund um diese geschlossenen Gesellschaften zu reißen, reizte ihn. Er setzte es sich zum Ziel, diese flächenmäßig riesigen Gebiete durch großzügigste Förderungen zu unterstützen – und zwar ganz anders als üblich. Andere Förderinstitutionen, im allgemeinen westliche Regierungen, gelegentlich auch private Stiftungen – versuchten, auf diese geschlossenen Gesellschaften Einfluß zu nehmen und sie für die Übernahme westlicher Ideale und Wertsysteme zu gewinnen. Jedoch hatte es sich noch niemals zuvor eine Privatperson aus dem Westen zum Ziel gesetzt, diese Länder in Staaten westlicher Prägung umzugestalten. Soros hielt sich für reif, die Herausforderung anzunehmen. In gleicher Weise, wie er sich sein Wissen über das Finanzanlagegeschäft selbst beigebracht hatte, beschloß er auch hier vorzugehen: langsam zu beginnen, die erzielten Fortschritte sorgsam zu überwachen und sein Geld mit Bedacht auszugeben. Sich Einfluß zu sichern, ohne dabei Mißtrauen zu erregen, würde wohl ein schwieriges Unterfangen sein; für seine Ziele die Zustimmung der politischen Entscheidungsträger zu erlangen war vielleicht sogar unmöglich. Auf einen Versuch wollte er es dennoch ankommen lassen.

In einigen der betreffenden Länder war es angesichts des Mißtrauens und feindseligen Verhaltens der dortigen Regierung schon eine beachtliche Leistung, überhaupt Fuß zu fassen. Trotzdem begannen die Soros-Stiftungen in den meisten Ländern Osteuropas und in der vormaligen Sowjetunion zu florieren. Mitte der neunziger Jahre stiftete Soros Hunderte Millionen Dollar und wurde damit zum bedeutendsten westlichen Förderer zwischen der Donau und dem Ural. Viele hoben ihn auf den Podest eines Heiligen, andere wiederum verdammten ihn zynisch als unerwünschten Eindringling. Doch war es Soros

letztlich gelungen, einen anderen Weg zu beschrei-
ten, sich Respekt zu verschaffen und außerhalb der
Wall Street und der Londoner City etwas zu bewirken. Die Wohltätigkeit, verbunden mit dem Wil-
len, geschlossene Gesellschaften zu öffnen, verschaffte ihm wesentlich mehr Befriedigung, als das
ganze riesige Vermögen anzuhäufen. Auch sein Be-
kanntheitsgrad stieg dadurch enorm.

Die Publizität gefiel ihm; in der Tat war er versessen
darauf, denn er wollte in der Welt nicht nur als »der
Mann, der die Bank von England knackte« gelten.
Auch war er überzeugt, daß diese Publizität ihm in
seiner Fördertätigkeit von Nutzen sein würde. Und
doch war er nicht restlos zufrieden, denn er fühlte
sich mit der Erwartung konfrontiert, seine geheim-
nisvolle Welt des Finanzanlagengeschäftes offenzu-
legen.

Er wollte die Publizität, allerdings nur positive. Er
wünschte sich nichts sehnlicher, als auf die Titelseite
der *New York Times* zu kommen, jedoch nicht in der
Rolle des verdächtigen Mannes im Schatten, dessen
Einfluß auf die Finanzwelt gleichermaßen gewaltig
wie unklar war. Hätte er die Rolle des Privatmannes
bevorzugt, so wäre dies nun nicht mehr möglich gewesen. Er war zu sehr präsent, seine Leistungen und
Errungenschaften waren zu gewichtig, sein Einfluß-
bereich zu ausgedehnt. Die Öffentlichkeit verlangte
mehr über ihn zu wissen, auch wenn er vieles nicht
preisgeben wollte.

Anlagestrategie

20

Üben Sie sich in Disziplin

George Soros hat eine ziemlich pragmatische Einstellung zu Finanzmärkten. Nicht viele professionelle Anleger können das von sich behaupten. Auch ist er in gewisser Weise diszipliniert. Byron Wien, der für US-Investments verantwortliche Stratege des Wertpapierhauses Morgan Stanley, sagt dazu:

> Soros hat begriffen, welche Kräfte die Aktienkurse beeinflussen. Er kennt die rationale und die irrationale Seite der Märkte. Außerdem ist er sich der Tatsache bewußt, daß er nicht immer recht haben kann. Wenn er mit einer Investitionsentscheidung richtigliegt, so steigt er massiv ein und nützt eine sich bietende Chance voll aus. Liegt er falsch, so führt er Verlustbegrenzungen durch. Dieser Charakterzug ist nicht vielen Leuten eigen. Viele von uns treffen die richtige Entscheidung, doch vertrauen wir auf unser Kalkül nicht so hartnäckig wie er – weil wir Angst haben. Wenn er sich einer Sache sicher ist, wie beispielsweise während der Pfundkrise des Jahres 1992, ist sein Selbstvertrauen enorm.

Soros' Instinkt gründet sich zum Teil darauf, daß er auf dem Aktienmarkt dann aktiv wird, sobald Bewegung hineinkommt, sei es in die eine oder andere Richtung. Dieser Instinkt ist keine Schulweisheit; in den Wirtschaftsvorlesungen, die er Anfang der fünfziger Jahre an der London School of Economics belegt hatte, war dies kein

Thema. Dieser Instinkt ist eine psychologische Gabe, ein Talent. Edgar Astaire, sein Londoner Partner, hat keinerlei Schwierigkeiten, den Soros-Ansatz zu definieren: »Sein wichtigster Schlüssel zum Erfolg ist sein Verständnis für psychologische Zusammenhänge. Er weiß den Herdentrieb zu deuten. Er erkennt wie ein guter Marketingmanager, wenn die Masse hinter einer Sache her ist.«

Soros hat Selbstvertrauen, doch dieses gründet sich nicht einfach darauf, daß er auf seinen ureigenen Instinkt hört. Ihn interessiert auch die Meinung der anderen. Allan Raphael erinnert sich: »Er verlangte immer, daß wir in einer Streitfrage auch die andere Seite anhörten. War man für etwas, wollte er, daß man mit jemandem darüber sprach, der dagegen war. Er hat hier immer einen intellektuellen Schlagabtausch gesucht. Er überdenkt seinen Standpunkt immer wieder. Das muß man auch. Die Sachlage ändert sich. Die Preise ändern sich. Die Bedingungen ändern sich. Als Fondsmanager fiel einem die Aufgabe zu, den eigenen Standpunkt immer wieder in Frage zu stellen.«

Ein typischer Dialog zwischen Soros und Raphael lief etwa folgendermaßen ab:

Raphael: »Dieses Engagement entwickelt sich gut.«

Soros: »Wäre es Ihrer Meinung nach sinnvoll, einen Teil zu verkaufen?«

Raphael: »Nein.«

Soros: »Wollen Sie noch zukaufen?«

Und so ging es hin und her, die Standpunkte wurden laufend neu überdacht.

»Soros hat die unglaubliche Fähigkeit, immer die richtigen Fragen zu stellen«, meint Allan Raphael, »dann wirft er einen Blick auf die Charts und gibt seine Zustimmung.«

Ist die Zeit reif für eine Entscheidung, benötigt er nie länger als eine Viertelstunde, um sich mit dem Sachverhalt auseinanderzusetzen.

Fondsmanager wie Raphael hatten einigen Spielraum – nicht jede Entscheidung mußte über Soros laufen. Geringere Engagements, beispielsweise in der Höhe von 5 Millionen Dollar, können ohne Soros' Zustimmung eingegangen werden. »Allerdings«, bemerkt Raphael, »konnte es einem nur von Nutzen sein, mit ihm darüber zu reden, denn er ist ein kluger Kopf.«

Anlagestrategie

21

Sichern Sie
Ihre Einsätze ab

Um verstehen zu können, wie George Soros sein Geld verdient, muß man sich darüber im klaren sein, daß er sich auf dem richtigen Spielfeld tummelt.

Dieses Spielfeld sind die Hedge-Fonds, die unter allen Finanzanlagen die potentiell höchsten Gewinne abwerfen. Soros zählte zu den ersten Investoren, die auf dem Gebiet der Hedge-Fonds tätig wurden, und bediente sich auch als einer der ersten eines der derzeit beliebtesten Finanzinstrumente der Hedge-Fonds, der sogenannten Finanzderivate. Zu diesen zählen die Futures, Optionen und Swaps.

Der Begriff »Hedge Fund« (Hedge-Fonds) wird unterschiedlich definiert. Genauigkeitsfanatiker plädieren für die Bezeichnung »Hedged Fund« (to hedge = absichern), obwohl diese kaum gebräuchlich ist. Der erste Hedge-Fonds wurde von Alexander Winslow Jones im Jahr 1949 eingerichtet. Jones hatte beobachtet, daß verschiedene Wirtschaftssparten florierten, andere wiederum schlechte Ergebnisse lieferten, und arbeitete eine Investitionsskala aus. Ein sehr »bullish«, d. h. optimistisch eingestellter Investor mochte vielleicht 80 Prozent seines Portefeuilles »lang« investieren, also die Wertpapiere direkt kaufen oder Call-Positions eingehen, und für die restlichen 20 Prozent Leerverkäufe tätigen. Ein sehr »bearish«, also pessimistisch eingestellter Investor würde vielleicht 75 Prozent seines Portefeuilles für Short-Positionen (Leerverkaufspositionen) einsetzen und mit den verbleibenden 25 Prozent »lang« gehen. Es kam darauf an, daß der Investor die Risiken seines Portefeuilles streute.

Jones begann sachte, und während der darauffolgenden 15 Jahre bewegte sich auf dem Gebiet der Hedge-Fonds nicht viel. 1957 startete jedoch Warren Buffet seinen eigenen, überaus erfolgreichen Hedge-Fonds. In der Anfangszeit investierten die Hedge-Fonds lediglich in Aktien und kauften und verkauften ähnliche Titel. Dabei hofften sie unter dem Strich auf Gewinne. Mit der Zeit sahen sich die noch überlebenden Hedge-Fonds allerdings auch nach anderen Gewinnchancen um. Und schließlich fanden sie diese auch. Mitte der sechziger Jahre richtete sich das Medieninteresse auf verschiedene Hedge-Fonds, doch flaute dieses Interesse nach 1970 ab, und viele Anleger stiegen während der schlechten Börsenstimmung der Jahre 1973 bis 1974 aus.

Der im Jahr 1971 gefaßte Beschluß, die Wechselkurse freizugeben, erweiterte die Chancen der Anleger. Mitte der achtziger Jahre wurden zunehmend Währungsoptionen und -futures eingesetzt, und das Interesse an den Hedge-Fonds erwachte in dieser Zeit zu neuem Leben. Vor 1985 waren die Zentralbanken der Industriestaaten mit Wechselkursinterventionen zurückhaltend. Beschleunigt wurde das Wachstum der Hedge-Fonds – und damit der Aufstieg George Soros' in die Reihen der Investoren von Weltrang – insbesondere in den ausgehenden achtziger und frühen neunziger Jahren. 1985 beschlossen die europäischen Zentralbanken eine Abwertung des US-Dollars, um ihre Amerika-Exporte durch den niedrigeren Dollarkurs anzukurbeln. Die Dollar-Abwertung schuf neue Anreize für den Handel mit Devisen, die Soros und andere Hedge-Fonds-Manager zu ihrem Vorteil zu nützen wußten. Nach 1985 wuchs das Volumen des globalen Devisenhandels stark an. Von 1986 bis 1989 verdoppelten sich laut einer Studie der Bank für Internationalen Zahlungsausgleich die Tagesumsätze im globalen Devisenhandel auf 40 Milliarden Dollar. Dies im Vergleich zu den täglichen Handelsvolumina von bescheidenen 30 Milliarden Dollar bei den US-Schatzanleihen und nicht einmal 10 Milliarden Dollar bei amerikanischen Aktien.

Die Tatsache, daß die Devisenhändler in aller Welt die europäischen Zentralbanken aufs Korn nahmen und im September 1992 ihren Coup gegen das britische Pfund landen konnten, war als erstes Anzeichen dafür zu werten, welch ungeheure Macht die Hedge-Fonds angesammelt hatten. Nicht die Aktienspekulanten oder die Investmentbanker lukrierten die hohen Gewinne, sondern die Hedge-Fonds-Kaiser.

Viele Geheimnisse ranken sich um die Hedge-Fonds. Diese wissen ihre Privatsphäre zu wahren und sind von der Aussicht, Außenstehende könnten zuviel über ihre Funktionsweise erfahren, ganz und gar nicht angetan. Über die meisten Aktivitäten Soros' wissen nicht einmal seine Aktionäre Bescheid, denn seine Fonds sind in keiner Weise publizierungspflichtig.

Die Hedge-Fonds – das *Wall Street Journal* bezeichnet sie auch als »das neueste Großcasino der Wall Street« – zählen zu den größten und am wenigsten regulierten Fonds, die auf den Finanzmärkten zu finden sind. Sie dominieren die Hochfinanz. Ganze 500 Milliarden Dollar sind in den derzeit laufenden knapp 1000 Hedge-Fonds angelegt. (Der Soros-Fonds umfaßte zeitweise ganze 13 Milliarden davon.) Das ist ein gewaltiger Anteil an dem jährlich angelegten Investitionskapital von 3,5 Billionen US-Dollar. Der Tagesumsatz der Hedge-Fonds beträgt geschätzte 75 Milliarden Dollar, was dem Achtfachen des Aktienhandelsumsatzes der New York Stock Exchange entspricht.

Seit 1994 zählen die Fonds-Manager zu den einflußreichsten, bestbezahlten Geschäftsleuten der USA und können damit den bedeutendsten Wall-Street-Häusern in puncto Handelsstärke die Stirn bieten. Die Zeitschrift *Business Week* bezeichnete sie als »ungebundene Revolverhelden der Finanzwelt, für die keine Regeln gelten und die oft wesentlich bessere Investoren als ihre Kollegen aus dem konventionellen Lager abgeben«.

Zwischen 1987 und 1990 legte ein mittlerer Hedge-Fonds 75,1 Prozent jährlich zu – im Vergleich zu den bescheidenen 35,1 Prozent, um die die Mutual Funds wuchsen, und dem Wachstum von 56,2 Prozent des sogenannten »S&P 500«, der 500 US-Titel umfassende Aktienindex von Standard & Poor's. Allein im Jahr 1992 waren die durchschnittlichen Erträge der Hedge-Fonds dreimal so hoch wie die Zunahme des S&P 500. George Soros, Julian Robertson und Michael Steinhardt wiesen wesentlich bessere Resultate aus. Am besten lassen sich die ausgezeichneten Ergebnisse der Hedge-Fonds durch einen Blick auf die Liste der Bestverdiener des Jahres 1993 in der Zeitschrift *Financial World* nachvollziehen.

Die auf dieser Liste aufscheinenden Personen verdienten zusammen mehr, als die auf den Listen der Vorjahre aufscheinenden Personen zusammen verdient hatten. Etwa die Hälfte der in der Aufstellung für 1993 gelisteten Personen managten entweder selbst einen oder arbeiteten für einen oder mehrere Hedge-Fonds. Die ersten fünf Ränge belegten Hedge-Fonds-Manager, allen voran George Soros mit einem Jahreseinkommen von 1,1 Milliarden Dollar. Als erstem Amerikaner war es ihm gelungen, mehr als eine Milliarde Dollar im Jahr zu verdienen. Acht der ersten zehn und 46 der ersten 100 Plätze wurden von Hedge-Fonds-Managern eingenommen.

Rang zwei nahm Julian Robertson mit 500 Millionen Dol-

lar ein; Rang drei Michael Steinhardt mit 475 Millionen
Dollar, und – es ist kaum zu glauben – auf Platz vier schien
Stanley Druckenmiller, die rechte Hand George Soros', mit
erklecklichen 210 Millionen Dollar auf. Neun der auf der
Liste angeführten Personen arbeiteten für Soros.

Zum Zeitpunkt dieser Erhebung verwaltete Soros ein
Portefeuille von 11 Milliarden Dollar, Robertson sechs Milliarden und Steinhardt über vier Milliarden Dollar. Jeder
von ihnen erhielt ein Prozent Provision für die Fondsverwaltung plus 20 Prozent vom Wertzuwachs des Portefeuilles, und all dies über die von Soros kassierten 15 Prozent hinaus.

In diesen Gewinnen waren gewaltige Erträge enthalten,
die die Hedge-Fonds-Kaiser erzielten, indem sie den globalen Trend sinkender Zinssätze ausnützten. Sie kauften
ausländische Anleihen, vor allem in Europa und Japan,
häufig auch am Futures-Markt. Sodann schätzten sie richtig ein, wie die verschiedenen Währungen auf die Zinssenkungen reagieren würden. Viele Fondsmanager erzielten
ihre Spekulationsgewinne auf den Märkten aufstrebender
Wirtschaftsstaaten.

Kein Wunder also, daß die Hedge-Fonds solche Populari-
tät erlangten. Anfang der neunziger Jahre wurden über
800 Hedge-Fonds betrieben, doppelt so viele wie ein paar
Jahre zuvor.

Anlagestrategie

22

**Versuchen Sie,
nicht aufzufallen**

Wall Street konnte sich schon immer für Leute begeistern, die etwas bewegen, die offensichtlich den Zugang zu einem tieferen Verständnis der Funktionsweise der Hochfinanz gefunden haben. Früher gab es da einen Morgan oder einen Stanley, einen Gould oder einen Baruch. Anfang der neunziger Jahre traten George Soros und die anderen Hedge-Fonds-Champions auf den Plan.

Laut James Grant, dem Herausgeber von *Grant's Interest Rate Observer* in New York, war die finanzielle Schlagkraft dieser Wall-Street-Titanen häufig wesentlich geringer, als ihnen nachgesagt wurde. Allerdings schien man sich an der Wall Street bei dem Gedanken, irgendeine Person oder Institution hätte die Dinge im Griff, könne etwas bewegen, wohler zu fühlen. »Ich betrachte Soros als eine dieser teils mythischen, teils realen Figuren«, stellt Grant fest. »Die Leute müssen ihre Ängste und ihren Groll projizieren und ein lebendiges Wesen beneiden können. Sie wollen glauben, daß jemand Märkte zustande bringen kann. Sie wollen nicht wahrhaben, daß Märkte in Wirklichkeit über Angebot und Nachfrage entstehen, daß die Märkte selbst zukünftige Ereignisse vorwegnehmen. Sie wollen glauben, daß es einen Soros gibt.

... In einer pessimistischen Börsenstimmung könnte dieser Mann leicht zum Prügelknaben werden, doch bin ich überzeugt, daß die Leute glauben wollen, daß es einen gibt, der es geschafft hat, der verantwortlich ist, den man telefonisch erreichen kann, den man vor Gericht laden kann. Ich glaube, die Institutionen, die heute verallgemeinernd als ›sie‹ personifiziert werden, sind die Hedge-Fonds. Dieses Phänomen der verallgemeinernden Personifizierung hat es immer gegeben, und heute meint man damit eben die Hedge-Fonds. Sie bewegen gigantische Summen mit Lichtgeschwindigkeit, und das mit aller Kühnheit und – bis jetzt – auch mit brillantem Erfolg. George Soros, Julian Robertson, Leon Cooperman und Paul Tudor-Jones, dieser ganze Clan, wird als ›sie‹ bezeichnet.

Wie leicht ist es, einer von ›ihnen‹ zu werden, sein Geld in einem Hedge-Fonds anzulegen?

Überhaupt nicht leicht. Für viele Anleger wäre es auch nicht sehr ratsam, denn Hedge-Fonds bergen hohe Risiken in sich und erfordern hohe Summen verfügbaren Kapitals.«

Die US-Wertpapier- und Börsenaufsichtsbehörde Securities and Exchange Commission (SEC), die über die amerikanischen Finanzmärkte wacht, schreibt für Anleger in amerikanischen Hedge-Fonds zwingend vor, daß sie entweder ein Nettovermögen von 1 Million Dollar oder zwei aufeinanderfolgende Jahre hindurch ein Jahreseinkommen von mindestens 200 000 Dollar, für Ehepaare 300 000 Dollar, nachweisen müssen. Die meisten Fondsmanager bestehen jedoch auf wesentlich vermögenderen Anlegern. Um sich für eine Beteiligung am Quantum-Fonds zu qualifizieren, mußte man 1 Million Dollar auf den Tisch legen. Darüber hinaus dürfen Quantum-Anleger weder US-Staatsbürger noch in den USA ansässig sein. Der Grund hierfür ist darin zu suchen, daß diese Fonds ihren Sitz auf den Niederländischen Antillen oder den Britischen Jungferninseln haben und bei der amerikanischen Wertpapier- und Börsenaufsichtsbehörde SEC nicht registriert sind. Dies verleiht ihnen mehr Flexibilität in der Fondsverwaltung und befreit sie von den amerikanischen Offenlegungsbestimmungen. Dieser Offshore-Status bedeutet, daß diese Fonds zwar in der Lage sind, ganze Märkte zu beeinflussen, gleichzeitig aber einen guten Teil der in den USA gültigen staatlichen Regulierungenvorschriften umgehen können.

Nach und nach ist der Mythos entstanden, die Hedge-Fonds würden keinerlei Regulierung unterliegen. Das stimmt nicht, denn der die Registrierung betreffende »SEC Act«, ein Börsenaufsichtsgesetz aus dem Jahr 1934, schreibt für das Management von Fonds mit über 100 Millionen Dollar eine Informationspflicht gegenüber der US-Wertpapier- und Börsenaufsichtsbehörde vor. Auch fällt das Management von Hedge-Fonds unter die Antikorruptionsgesetzgebung. Die Hedge-Fonds können die Eintragung ins Register der Investmentfirmen dadurch vermeiden, daß sie die Anzahl ihrer Investoren auf unter 100 beschränken und ihre Produkte als Privatplazierungen anbieten. Ein wesentlicher Unterschied zwischen Soros' Offshore-Fonds und den amerikanischen Hedge-Fonds besteht in steuerlicher Hinsicht. Unter der Voraussetzung, daß die Mehrheit der Anteilsinhaber nicht die amerikanische Staatsbürgerschaft besitzt, sind die Aktionäre von Offshore-Fonds von der Kapitalertragsteuerpflicht ausgenommen.

In bestimmten Fällen können auch Amerikaner in diese Offshore-Fonds anlegen, die Steuerbegünstigung kommt für sie allerdings nicht zur Anwendung. Aus Gründen der Vereinfachung lassen die meisten Offshore-Fonds amerikanische Anleger einfach nicht zu oder nehmen ihnen zumindest die Lust an derartigen Anlagen.

Was George Soros anbelangt, so ist es ihm, der seit 1961 die amerikanische Staatsbürgerschaft besitzt, gelungen, eine Ausnahme von der Regel zu werden. Trotz seiner amerikanischen Staatsbürgerschaft konnte er sich für seinen eigenen Offshore-Fonds qualifizieren. Die meisten

Beteiligungen am Soros-Fonds werden von Europäern gehalten.

Soros war schon immer daran gelegen, die Finanzwelt glauben zu lassen, er wäre ein Anleger wie jeder andere auch. Wir wissen, und auch er weiß, daß dies nicht der Fall ist. Doch hat er an seinem Image des kleinen Händlers, dessen ach so geringe Transaktionen der Finanzwelt keinen wirklichen Schaden zufügen können, hart gearbeitet.

Demgemäß ist Soros quasi zum offiziellen Sprecher für die Hedge-Fonds geworden – eine seltsame Rolle für jemanden, der darauf erpicht ist, mit seinen Investmentstrategien hinter dem Berg zu halten. Bedenkt man jedoch, daß Soros kaum jemals eines seiner Geheimnisse preisgibt, erscheint diese Rolle wieder nicht so befremdend. Er rührt lediglich die Werbetrommel für die Hedge-Fonds und verteidigt sie mit Nachdruck. Hie und da fordert er sogar schärfere Regulierungsvorschriften dafür.

So erklärte Soros beispielsweise am 2. März 1994 in Bonn, es wäre für die Zentralbanken legitim, eine Regulierung der riesigen Hedge-Fonds in Erwägung zu ziehen. »Meiner Ansicht nach herrscht auf unregulierten Märkten eine naturgegebene Instabilität«, erklärte Soros vor Journalisten, »ich glaube, die Bankenaufsichtsbehörden wären gut beraten, hier regulierend einzugreifen.

Ich bin überzeugt, daß Märkte ohne Regulierungsvorschriften crashgefährdet sind und die Zentralbanken daher mit Fug und Recht die Untersuchung dieser Frage fordern. Wir sind zur Zusammenarbeit in dieser Angelegenheit bereit. Allerdings hoffe ich, daß die Regulierungsmaßnahmen, gleichgültig, wie sie aussehen mögen, nicht mehr Schaden als Nutzen anrichten werden.«

Auf das Ersuchen, einen Kommentar zu den Anschuldigungen abzugeben, die Hedge-Fonds würden die Volatilität und Instabilität der Märkte erhöhen, antwortete Soros: »Ich würde sagen, die Märkte tendieren dazu, über das Ziel hinauszuschießen, deshalb glaube ich keinesfalls an den ›vollkommenen Markt‹. Ich halte aus diesem Grund auch die Hedge-Fonds nicht für vollkommen, ansonsten könnten sie nicht an einem einzigen Tag fünf Prozent verlieren.«

Anläßlich einer im selben Monat abgehaltenen Konferenz in Basel fanden die Zentralbankgouverneure der »G 10«, der zehn wichtigsten Industriestaaten, keinerlei Gründe für den Erlaß von Regulierungsbestimmungen für Hedge-Fonds bzw. für Banken, die mit Eigenmitteln an den internationalen Märkten handeln. Die Märkte hatten sich nach den Turbulenzen zu Jahresanfang selbst korrigiert, und für die Annahme weiterer Schwierigkeiten war kein Grund vorhanden.

Als Soros im April 1994 vor dem vom amerikanischen Kongreß eingesetzten Bankenausschuß aussagen mußte, versuchte er diesem glaubhaft zu machen, daß die Schuld am Verfall der Aktien- und Anleihekurse zu Jahresbeginn 1994 nicht den Hedge-Fonds zuzuschreiben sei: »Ich weise jede Behauptung oder Implikation, unsere Tätigkeit sei gefährlich oder führe Instabilität herbei, aufs schärfste zurück.«

Man stellte Soros die Frage, ob ein privater Investor, wie beispielsweise er, in der Lage sei, genug Kapital anzusammeln, um den Kurs einer Währung, etwa der italienischen Lira oder des britischen Pfunds, manipulieren zu können. Er verneinte: »Ich glaube nicht, daß es irgendeinem Marktteilnehmer, es sei denn, für kurze Zeit, gelingen kann, Devisenmärkte für wirtschaftlich wichtige Währungen gegen die Fundamentaldaten der betreffenden Märkte mit Erfolg zu beeinflussen ...

Die Hedge-Fonds sind in Anbetracht der Größe der globalen Devisenmärkte relativ unbedeutende Marktteilnehmer. Die mangelnde Liquidität der Märkte für kleinere Währungen trägt noch dazu bei, Investoren von einer Einflußnahme auf die Wechselkurse einer unbedeutenderen Währung abzuhalten. Jeder Investor, der durch Übernahme großer Bestände in einer Währung die Wechselkurse für diese Währung zu beeinflussen beabsichtigt, wird aufgrund der fehlenden Liquidität beim Verkauf dieser Bestände vor einem katastrophalen Ergebnis stehen.«

Der Begriff Hedge-Fonds mag auf den ersten Blick den Eindruck eines konservativen Fonds erwecken. Schließlich bedeutet »to hedge« unter anderem »absichern«. Wenn etwas abgesichert wird, so heißt das Vorsicht und Umsicht. Diese Fonds sind jedoch alles andere als konservativ. Hinter den Hedge-Fonds verbirgt sich vielmehr die Strategie, bei verschiedenen Anlagen auf eine Wertsteigerung, bei anderen wiederum auf einen Wertverfall zu spekulieren – im Endeffekt wird »hedging« gegen deutlich spürbare Marktschwankungen betrieben.

Angesichts all der Emotionen, die in den neunziger Jahren rund um die Hedge-Fonds entstanden, haben die gewöhnlichen Anleger die Hedge-Fonds in der Hoffnung ins Visier genommen, sich daran beteiligen zu können. Jedoch handelt es sich dabei im wesentlichen um geschlossene, einem nur sehr eingeschränkten Personenkreis zugängliche Klubs. Nichtsdestotrotz kann der Einzelanleger von den Methoden der Hedge-Fonds-Manager, wie beispielsweise Soros, eine Menge lernen. Zwar sind die von diesen Fonds investierten Summen beträchtlich höher als die der meisten Einzelanleger; aus den Strategien der Hedge-Fonds-Manager lassen sich jedoch wertvolle Lehren für jeden Finanzmarktteilnehmer ableiten.

Anlagestrategie

23

Bedienen Sie sich des Leveraging

Hedge-Fonds haben einige attraktive Eigenschaften. Für den wohlhabenden Investor, der sein Vermögen vermehren möchte, sind Hedge-Fonds gerade das richtige Instrument mit einer Vielzahl von Möglichkeiten. Konventionelle Manager von Investment- und Pensionsfonds agieren mit beschränkten Mitteln, weil sie versuchen, so konservativ wie möglich vorzugehen. Die Hedge-Fonds-Manager lassen sich durch keinerlei Konservativismus einengen und bedienen sich eines breiten Spektrums von Anlagetechniken. Die faszinierendste dieser Techniken ist das Investieren mit geliehenem Geld, das sogenannte Leveraging. Seit Anfang der neunziger Jahre wird in der Presse viel über Hedge-Fonds berichtet. Ende der sechziger Jahre waren diese Fonds kaum bekannt, und verstanden wurden sie noch weniger. Robert Miller, Bereichsleiter bei Arnhold & S. Bleichroeder, der damals mit George Soros zusammenarbeitete, erinnert sich an Soros' seinerzeitige Arbeitsmethoden:

Wenn George in deutsche Aktien investierte, waren aufgrund der Tatsache, daß der Fonds auf Dollar lautete, zwei Varianten möglich: Die erste bestand darin, D-Mark zu kaufen und damit die zugekauften Aktien zu bezahlen. Damit ging man ein Währungsrisiko ein, denn man hielt in seinem Portefeuille deutsche Wertpapiere, die man später für D-Mark verkaufen würde. Und die D-Mark hatte man bereits gekauft. Die andere Möglichkeit bestand in einer Hedging-Variante: Man nahm entweder einen auf D-Mark lautenden Kredit auf, um das Währungsrisiko auszuschalten; oder man tätigte einen Währungswechsel, wobei man die D-Mark über einen Kontrakt auf Termin verkaufte, um so das D-Mark-Risiko auszuschalten. Diesen Vorgang bezeichnet man als Hedging, also Absicherung, seines Portefeuilles.

Eine weitere, von den Hedge-Fonds sehr häufig angewandte Methode ist das sogenannte »shorting«, das heißt, man spekuliert bei verschiedenen Papieren auf einen Kursverfall. Ein Händler, der »short« geht, verkauft ein Wertpapier, das er nicht besitzt – er verkauft es also »leer« –, und hofft, daß er dieses Papier zu einem späteren Zeitpunkt, wenn er es dem Käufer liefern muß, zu einem niedrigeren Kurs beschaffen kann. Soros nützte diese Technik auf effiziente Weise am Vorabend des Schwarzen Mittwochs im September 1992, als er britische Pfund leer verkaufte.

Die Methode hört sich einigermaßen harmlos an. Manche wollen darin allerdings mangelnden Patriotismus erkennen. »Wie kann man nur auf eine schlechte Unternehmensentwicklung spekulieren?« fragen die Kritiker der Shorting-Technik. Welcher Amerikaner würde sich überhaupt dazu hinreißen lassen? Glaubt die betreffende Person nicht an die Wirtschaft? Welcher Mensch würde versuchen, aus dem Unglück eines anderen einen Nutzen zu ziehen?

Solche Kritik kümmerte Soros nicht. Für seine Zwecke wirkte die Shorting-Technik wie eine Zauberformel, die ihm hohe Gewinne an den US-Märkten und außerhalb der USA einbrachte. Sein Fonds nützte diesen Hebeleffekt auch aus, indem er Aktien nur in Höhe des geforderten Einschusses kaufte. Ein Plus des Quantum-Fonds war seine geringe Größe. Dadurch entfiel die mühselige Bürokratie, und der Fonds war wesentlich leichter als große Firmen in der Lage, Investitionen in Aktien vorzunehmen und aus Engagements nach Belieben wieder auszusteigen.

Das Spiel, das Soros mit Avon vollzog, liefert ein hervorragendes Beispiel für die Art und Weise, wie er mit Leerverkäufen hohe Gewinne schreibt. Lange bevor die Erträge der Firma Avon immer tiefer zu sinken begannen, erkannte Soros, daß eine immer älter werdende Bevölkerung wesentlich geringere Umsätze für die Kosmetikindustrie bedeuten würde.

Freudig erklärte Soros: »Im Falle Avon entging den Banken die Tatsache, daß der enorme Aufschwung, den die Kosmetikindustrie in den Jahren nach dem Zweiten Weltkrieg erlebt hatte, vorüber war. Der Markt war letztendlich gesättigt, und die Jugendlichen verwenden das Zeug nicht. Hier war ein Wandel im Gange, den die Banken einfach nicht erkannten.«

In der Absicht, Avon-Aktien leer zu verkaufen, beschaffte sich der Quantum-Fonds 10 000 Stück auf Kredit. Der Kurs lag zu diesem Zeitpunkt bei 120 Dollar. In der Folge sackte der Kurs der Aktie ab. Zwei Jahre später kaufte Soros die Aktien zurück – um 20 Dollar das Stück. Der daraus resultierende Gewinn von 100 Dollar pro Aktie brachte dem Fonds eine Million Dollar ein.

Diese Art des Hedging ist die gebräuchlichste Form. Den Investmentfonds wird das Shorting von der amerikanischen Steuerbehörde Internal Revenue Service (IRS) im Rahmen der sogenannten Short-Sale Rule untersagt. Letztere besagt, daß die Investmentfondsgesellschaften nicht mehr als 30 Prozent ihrer Bruttoeinnahmen aus dem Verkauf von kürzer als drei Monate gehaltenen Anlagepapieren erwirtschaften dürfen. Leerverkäufe werden als kurzfristige Transaktionen eingestuft. Nichtsdestotrotz haben es die Manager diverser offener Investmentfonds geschafft, von der amerikanischen Wertpapier- und Börsenaufsichtsbehörde (SEC) die Genehmigung zur Durchführung von Leerverkäufen zu erhalten.

Einem der führenden Hedge-Fonds-Manager an der Wall Street, der namentlich nicht genannt werden möchte, fiel auf, daß Benjamin Graham, auf den die Wertpapieranalyse zurückgeht, von der Annahme eines »inneren Wertes oder Substanzwertes« eines Wertpapiers ausgegangen war. Damit soll eine Aussage getroffen werden, was ein Titel unter bestimmten Rahmenbedingungen, beispielsweise dem Zinsniveau, der Wirtschaftslage, der Gewinnsituation des Unternehmens etc., wert ist. »Die Aufgabe eines Analysten bzw. eines Vermögensverwalters besteht darin, jene Titel herauszufiltern, die über ihrem Substanzwert bewertet sind. Ein konventioneller Investor würde dieses Wertpapier verkaufen.

Ein Hedge-Fonds hingegen würde den Titel möglicherweise leer verkaufen, und wenn der Kurs unter dem Substanzwert liegt, wenn das Papier also unterbewertet ist, würde er ihn kaufen. Der Unterschied zwischen einem konventionellen Anleger und einem Hedge-Fonds als Investor besteht darin, daß ersterer das Wertpapier durch Barzahlung erwerben würde, letzterer würde es vielleicht auf Kredit kaufen und könnte daher über 100 Prozent seiner Eigenmittel veranlagen.«

Derselbe Hedge-Fonds-Manager beschrieb das brutale Szenario der Investments mit Leverage-Effekt folgendermaßen:

Für dieses Geschäft brauchen Sie eiserne Nerven, Nerven wie Drahtseile. Sie müssen schon über eine besondere Fähigkeit verfügen, um mit solchen Leverages zu arbeiten, wie George Soros oder Michael Steinhardt sie einsetzen. Die höchsten Leverages wenden George Soros, Tiger (Julian Robertson) und Michael Steinhardt an. Dazu bedarf es einer ganz bestimmten Mentalität, eines gewissen Vertrauens in die eigenen Fähigkeiten; man muß zusehen und abwarten können, denn schon geringe Schwankungen in die Gegenrichtung können sich auf das finanzielle Ergebnis verstärkend auswirken, eben wie ein Hebel. Im Februar 1994 änderte sich der Dollar-Yen-Kurs an einem Tag um vier bis fünf Prozent. Diese Kursbewegung kostete Soros 600 Millionen Dollar. Wir leben in einer Welt, in der vier bis fünf Prozent nicht so außergewöhnlich sind. Die (US-Zentralbank) Federal Reserve hebt die Zinssätze um einen viertel Prozentpunkt an, der Dow-Jones-Index fällt um 97 Punkte. Man braucht dazu eine bestimmte Geisteshaltung, eine gewisse Risikofreude. An dieses Geschäft muß man mit großem Geschick herangehen.

Warren Buffet arbeitet nicht mit Leverages. Er operiert mit Cash. Er setzt gebündelt auf einzelne Titel, doch spekuliert er mit Barem. George Soros arbeitet mit Fremdkapital. Wie Sie sich vorstellen können, bedarf es dazu einer gewissen inneren Stärke, man muß von einer Spekulation doch sehr überzeugt sein und die Finanzen voll im Griff haben; man muß sicherstellen, Gewinne über die Kosten der Fremdkapitalfinanzierung hinaus zu erzielen.

Bei den Hedge-Fonds liegt nicht nur die Wahrscheinlichkeit höher als bei den Investmentfonds, daß sie Long- und Short-Positionen eingehen, sie arbeiten auch mit Optionen, Futures und anderen derivativen Instrumenten. Hedge-Fonds gehen wesentlich konzentriertere Engagements ein und schichten ihre Portefeuilles häufiger um als die gewöhnlichen Investmentfonds. Der den Hedge-Fonds daraus erwachsende Nachteil ist im erhöhten Risiko zu sehen. Der Vorteil ergibt sich, wenn alles gutgeht, aus den hohen Gewinnchancen. Da die meisten Anleger in Hedge-Fonds ihr Geld langfristig an den Fonds binden müssen, werden ihre Kapitalzuwächse üblicherweise reinvestiert. Damit wachsen die Gewinne an.

Die Hedge-Fonds bieten dem Anleger die Möglichkeit, sich an Finanzmärkten in aller Welt zu engagieren. Das Management der Investmentfonds vertraut meist lieber auf seine Sachkenntnis auf einem Gebiet und verläßt sich häufig auf einen einzigen Markt. Darüber hinaus halten die Verwaltungen konservativer Investmentfonds die Volatilität internationaler Finanzmärkte für zu komplex und risikoreich und daher nicht unbedingt für attraktiv.

Die Hedge-Fonds stellen ihre rege Handelstätigkeit groß heraus. George Soros schlug sein Portefeuille im Jahr 1988 über 18mal um; vier Jahre später, im Jahr 1992, achtmal.

In den neunziger Jahren wurden die Hedge-Fonds zum lieb Kind der Investorengemeinde. Der Grund dafür lag weitgehend in den erstaunlichen Gewinnen, die die berühmtesten Hedge-Fonds-Manager erzielten – allen voran George Soros und sein Quantum-Fonds. Andere brachten ebenfalls ausgezeichnete Ergebnisse, an Soros reichten sie jedoch längst nicht heran. Diese anderen waren Michael Steinhardt von Steinhardt Partners, Julian Robertson von Tiger Fund und Leon Cooperman von Omega Advisers, Inc.

Die bekanntesten unter diesen Hedge-Fonds erwirtschafteten 1992 Erträge von 25 bis 68 Prozent, also bedeutend mehr als die sieben bis acht Prozent, die ein Anleger in einem amerikanischen Aktienindex-Fonds erzielt hätte. Während der Soros-Fonds im Jahr 1992 ganze 67,5 Prozent zulegte, wuchs der Steinhardt-Fonds um ca. 50 Prozent und jener Robertsons um 27,7 Prozent.

Der Durchschnittsanleger mag derartige Ergebnisse noch so verlockend finden – er kann trotzdem nicht hergehen und einen George Soros oder Michael Steinhardt anheuern und sich danach zurücklehnen und darauf warten, daß der Geldregen auf ihn herniederprasselt. Hedge-Fonds sind in der Tat sehr exklusive Klubs, kleine (aber feine) Bruderschaften anspruchsvoller, finanzkräftiger Anleger, die es sich leisten können, hohe Summen aufs Spiel zu setzen.

Im Jahr 1994 waren die Hedge-Fonds bereits so mächtig geworden, daß die Politiker die Notwendigkeit neuer Regulierungsbestimmungen zu erörtern begannen. Diese Fonds hatten etwas Geheimnisvolles an sich, und wie immer, wenn eine so mysteriöse Institution hohe Gewinne schreibt, wurden auch hier Fragen laut. Man befürchtete, die riesigen Summen, die die Hedge-Fonds-Manager in das Finanzsystem pumpten, würden sich auf die Finanzmärkte auswirken. Als Anfang 1994 der Anleihemarkt Rückschläge verzeichnete, wuchs die Überzeugung, die Ursache dafür liege bei den Hedge-Fonds. Die Hedge-Fonds-Manager kämpften gegen diese Anschuldigung mit dem Argument an, die von ihnen investierten Beträge seien bei weitem geringer als die von den Investment- und Geschäftsbanken angelegten Summen.

Was George Soros betrifft, so ist seine Haltung gegenüber

Regulierungsmaßnahmen paradox. Er hätte allen Grund, sich dagegen zu sträuben. Schließlich konnte er sein Vermögen nur ohne jedes Regelwerk aufbauen. Soros bezeichnet sich selbst als einen Experten für Instabilität, als jemanden, der vom Chaos auf den Finanzmärkten lebt. Warum sollte ihm also an einer Regulierung gelegen sein? Dennoch tritt er für ein zentralisiertes Bankensystem für die internationale Finanzwelt ein. Eigentlich ein Widerspruch. »Ich habe keinerlei Scheu davor, an den Devisenmärkten zu spekulieren – trotzdem finde ich, daß eine Stabilisierung her sollte«, stellt er klar. »Wir müssen hier zwischen dem Marktteilnehmer und dem Staatsbürger unterscheiden. Als Marktteilnehmer spielt man nach den Regeln. Als Staatsbürger ist man dafür verantwortlich, jeden Versuch zu unternehmen, ein falsches System zu ändern.«

Im Jahr 1992 erstellte die SEC eine 500 Seiten umfassende Studie über Offshore-Fonds. Es war der Verdacht aufgekommen, drei große Hedge-Fonds, darunter auch der Quantum-Fonds, hätten bei Auktionen US-Schatzanleihen in großer Stückzahl gekauft, wobei das New Yorker Wertpapierhaus Salomon Brothers des Versuchs bezichtigt wurde, eine Marktenge herbeigeführt zu haben. Doch der staatliche Untersuchungsausschuß sprach alle drei Hedge-Fonds von jeglichem Verdacht frei. Die SEC-Studie gelangte zu dem Schluß, eine tiefer greifende Regulierung der Hedge-Fonds sei nicht erforderlich. Derzeit sieht es so aus, als könnten die Hedge-Fonds relativ unreguliert weiterarbeiten.

Anlagestrategie

24

Nehmen Sie die beste und die schlechteste Aktie

George Soros analysiert gesamtwirtschaftlich: Er führt Makroanalysen durch, sieht die großen Zusammenhänge, beschäftigt sich mit der internationalen Politik, der weltumspannenden Geld- und Währungspolitik, mit Änderungen bei den Inflationsraten, Zinssätzen und Wechselkursen. Jim Marquez, in den achtziger Jahren die rechte Hand Soros', erinnert sich, wie Soros ergründete, in welche Richtung die sogenannten »Makros« tendieren, was die großen Entwicklungen sein würden. Marquez oblag sodann die Aufgabe, nach jenen Branchen und Firmen zu suchen, die von der neuen Konfiguration innerhalb der internationalen Finanzkreise am meisten profitieren würden.

Rechnete Soros mit steigenden Zinssätzen, so ließ er Marquez nach Branchen Ausschau halten, die eine erwartete Zinserhöhung hart treffen würde, und ging Short-Positionen in Aktien dieser Branchen ein. Soros bediente sich dabei der Technik, in zwei Unternehmen innerhalb einer Branche zu investieren.

Wurden auf die beschriebene Art und Weise Branchen herausgefiltert, die von einer höheren Inflationsrate profitieren würden, so kaufte der Fonds. Marquez dazu: »Wir gingen normalerweise von der Branchenebene aus. Hatten wir dort erst einmal Fuß gefaßt, richteten wir unser Augenmerk auf jene Bereiche innerhalb der großen Unternehmen, die die von uns prognostizierten Trends am besten nachvollzogen.«

War dieser Schritt getan, so bestand Soros darauf, daß

Marquez zwei Unternehmen auswählte – allerdings nicht irgendwelche. Eines mußte das beste Unternehmen der Branche sein, denn dessen Aktien würden alle anderen Marktteilnehmer als erste kaufen wollen. Diese Kaufaufträge würden den Aktienkurs in die Höhe treiben. Also deckte sich Soros rechtzeitig mit diesen Titeln ein.

Das andere Unternehmen, in das investiert werden sollte, sollte das schlechteste der Branche sein, jenes mit dem höchsten Verschuldungskoeffizienten, mit der schlechtesten Bilanz. Dieses Unternehmen würde am stärksten unterbewertet sein, also würde man eine schöne Stange Geld verdienen können, wenn der Aktienkurs letztendlich stieg. Auch in diesen Aktien engagierte sich Soros.

Nachdem diese beiden Unternehmen, das beste und das schlechteste, gefunden waren, bestand kein Anlaß mehr, in weitere Firmen derselben Branche zu investieren. In der Computerindustrie hätte Soros beispielsweise IBM-Aktien und gleichzeitig Aktien der Firma Data-General gekauft. IBM war natürlich das langfristig erfolgreichste Unternehmen der Computerindustrie. Data-General war schon lange im Geschäft, hatte jedoch nicht einmal annähernd so hohe Gewinne wie die Konkurrenz erzielt, obwohl die Computerindustrie vor allem in den achtziger Jahren einen gewaltigen Boom erlebt hatte. Allerdings lohnte es sich, sich mit Data-General auseinanderzusetzen, denn das Unternehmen würde sich gewiß erholen, sobald es die positiven Erfahrungen seiner Branchenkollegen zu nutzen gelernt hätte. Darüber hinaus würden die Gewinne im Vergleich zu – nur um ein Beispiel zu nennen – IBM unverhältnismäßig steiler ansteigen. Die Data-General-Aktie könnte sich unter Umständen also sehr gut entwickeln. Diese Überlegungen stellte Soros an.

Genauso handelte er in der pharmazeutischen Industrie.

Hier kaufte er Aktien von Merck und investierte gleichzeitig in Syntex, das damals in den achtziger Jahren wesentlich kleiner als Merck war, doch höhere Wachstumsraten aufwies. Die im kalifornischen Palo Alto ansässige Firma Syntex war ursprünglich zur Erzeugung von Empfängnisverhütungsmitteln gegründet worden, verlegte sich später jedoch weitgehend auf die Produktion des 1976 auf den Markt gebrachten Arthritis-Medikaments Naprosyn. Ende der achtziger Jahre erzielte die Firma Syntex über die Hälfte ihres Umsatzes und ihres Gewinnes mit Naprosyn und Anaprox, einem ähnlichen Wirkstoff. Syntex bedeutete klarerweise ein beträchtliches Risiko. Ging alles gut, würde es Syntex gelingen, einige neue Medikamente zu entwickeln, so würde das Unternehmen davon profitieren, und die Gewinne würden höher und steiler ansteigen als jene eines größeren Unternehmens. Als Firma mit nur einem Produkt war das Unternehmen allerdings schlechter bewertet als andere der Branche.

Diese Methode Soros', die beste und die schlechteste Aktie einer Branche auszuwählen, mag – zumindest oberflächlich betrachtet – als hervorragendes Beispiel für Hedging dienen. Doch Soros hatte dabei nicht wirklich ein Hedge-Geschäft im Auge. Er war sicher, daß sich sowohl die beste als auch die schlechteste Aktie gut entwickeln würde. Aus diesem Grund konzentrierte er sich gerade auf diese beiden.

Checkliste für Investoren

Im folgenden finden Sie eine Checkliste, die die zwanzig wichtigsten Anlagetips von George Soros noch einmal zusammenfaßt. Sie ist sozusagen die Essenz seiner Investitionsstrategien und soll Sie bei Ihrem Börsenengagement »à la Soros« begleiten.

Keine Anlagestrategie kann Gewinne garantieren – auch diese nicht. Doch nicht ohne Grund gilt George Soros als »erfolgreichster Vermögensverwalter der Welt« …

1. Eine überaus wichtige Rolle bei George Soros' Anlageverhalten spielen philosophische und wirtschaftstheoretische Gedanken. Hier noch einmal die wichtigsten, die Sie bei Ihrem Engagement im Hinterkopf behalten sollten:

● Vollkommenes Wissen und objektive Beurteilung sind nicht möglich – die menschliche Wahrnehmung ist immer verzerrt und fehlerhaft.

● Angebot und Nachfrage werden genauso von Marktereignissen beeinflußt wie die Marktteilnehmer.

● Das Marktgeschehen folgt *keiner* analysierbaren Logik oder Rationalität.

● Nicht das Gleichgewicht, sondern das Ungleichgewicht auf den Finanzmärkten beeinflußt die Entscheidung, Aktien zu kaufen oder zu verkaufen.

2. Es gibt immer Diskrepanzen zwischen den Wahrnehmungen der Marktteilnehmer und der tatsächlichen Lage der Dinge. Achten Sie auf *starke* Diskrepanzen, weil sie die Einschätzungen der Anleger beeinflussen.

3. Zwischen der Haltung der Anleger und dem tatsächlichen Ablauf der Ereignisse besteht ein enger Zusammenhang. Oft schaffen die Erwartungen die zukünftigen Ereignisse. Berücksichtigen Sie das bei Ihrem Investment!

4. Märkte sind instabil, weil die Anleger sowohl von Fakten als auch von Emotionen beeinflußt werden. Versuchen Sie deshalb, sich eine Vorstellung von der Meinung möglichst vieler anderer Marktteilnehmer zu verschaffen, und nutzen Sie die Instabilität.

5. Lernen Sie, Boom/Bust-Sequenzen frühzeitig zu erkennen, indem Sie verstehen, wie die anderen Investoren die diversen wirtschaftlichen Fundamentaldaten bewerten. Voraussetzung für einen extremen Auf- und Abschwung ist ein trendfolgendes Verhalten.

6. Auch Überreaktionen können eine Boom/Bust-Situation auslösen. Achten Sie also darauf, ob sich irgendwo eine Eigendynamik entwickelt, denn dann sind Überreaktionen wahrscheinlich.

7. Suchen Sie nach Unternehmen, deren Aktienkurse die Fundamentaldaten beeinflussen. Wenn Konzerne beispielsweise aufgrund hoher Aktienkurse Akquisitionen tätigen, entstehen gute Spekulationsmöglichkeiten.

8. Halten Sie nach gesellschaftlichen oder kulturellen Trends, die sich als wertvoll herausstellen könnten, Ausschau, arbeiten Sie Geschäftsberichte durch, lesen Sie Fach- und Publikumszeitschriften.

9. Erst investieren, dann analysieren! Das heißt: Stellen Sie eine Hypothese auf, übernehmen Sie eine kleine Position, und warten Sie, ob Ihnen der Markt recht gibt.

10. Achten Sie auf plötzliche Bewegungen auf den Aktienmärkten. Wenn bislang links liegengebliebene Aktien mit einem Mal massiv gekauft werden, kann ein sich selbst verstärkender Prozeß in Gang gesetzt werden – und der Kurs steigt in schwindelerregende Höhen.

11. Beobachten Sie ausländische Märkte – wo öffnet man sich für ausländische Investitionen, wo wird eine neue Politik zur Stabilisierung der Wirtschaft eingeschlagen, wo eine Marktreform durchgeführt? Wenn Sie rechtzeitig einsteigen, holen Sie einen Vorsprung vor anderen Investoren heraus!

12. Gehen Sie aufs Ganze! Wenn Sie sicher sind, daß Ihre Entscheidung richtig ist, empfiehlt George Soros, sich nicht mit Peanuts-Beträgen zufriedenzugeben, sondern massiv zu investieren. Ausschlaggebend ist dabei, wie hoch der Gewinn ist, wenn Sie recht haben, und wie hoch der Verlust, wenn Sie sich täuschen. Denn gegen Fehleinschätzungen ist natürlich niemand gefeit.

13. Bauen Sie sich ein solides Netzwerk aus freundschaftlichen Kontakten auf, wenn möglich in unterschiedlichen Ländern. So kommen Sie an wichtige Informationen – vielleicht sogar einen Tick eher als andere. Zumindest haben Sie zuverlässige Ansprechpartner vor Ort.

14. Lernen Sie, mit Fehlern umzugehen. Erinnern Sie sich, was George Soros sagt? Es ist keine Schande, sich zu irren, wohl aber, die eigenen Fehler nicht zu korrigieren, wenn man sie erkannt hat.

15. Wenn Sie mit Ihrem Investment falschliegen, machen Sie sich nichts vor, sondern steigen Sie aus – lieber zu früh als zu spät!

16. Gehen Sie bei Ihren Anlagen nie aufs Ganze, setzen Sie nicht »Haus und Hof aufs Spiel«! George Soros investiert nach dem Grundsatz, niemals so viel zu riskieren, daß er sich im schlimmsten Fall selbst zerstören könnte.

17. Begrenzen Sie Verluste, und halten Sie immer einen hohen Anteil an Aktiva aus dem Spiel heraus.

18. Nehmen Sie sich Zeit, nachzudenken und zu lesen. Es hat keinen Sinn, ununterbrochen im Börsengetümmel präsent zu sein. Womöglich verlieren Sie dann nämlich den Blick für das Außergewöhnliche und die Fähigkeit, im richtigen Moment zuzuschlagen.

19. Nutzen Sie das Leveraging, also die Finanzierung durch Fremdkapital.

20. Wenn Sie davon überzeugt sind, daß eine Branche über kurz oder lang einen Aufschwung erleben wird, dann suchen Sie sich das stärkste und das schwächste Unternehmen darin aus. Kommt der Boom, werden sich die Anleger erst auf das stärkste Unternehmen stürzen und den Aktienkurs in die Höhe treiben. Profitiert auch das schwächste und damit am meisten unterbewertete Unternehmen von dem Boom, weil es zum Beispiel aus den Strategien der Großen lernt, wird sein Kurs überproportional steigen.

Glossar

Kleines Lexikon der wichtigsten
Fachausdrücke dieses Buches

bearisch	pessimistisch
bullish	optimistisch
go long	Wertpapiere direkt kaufen
go short	siehe leer kaufen
Hedge Fund = Hedge-Fonds	Spekulativ ausgerichteter Fonds, der durch die Aufnahme fremder Mittel und unter Einsatz derivativer Instrumente seine Erträge zu optimieren versucht
Junk Bond	Spekulative Anleihe mit hohem Ausfallrisiko
leer kaufen	Aktien verkaufen, ohne sie zu besitzen
Leverage, Leveraging	Finanzierung einer Investition durch Fremdkapital
Margin Call	Zahlung von Einschüssen
Offshore Fund	Investmentfonds mit Sitz außerhalb der nationalen Grenzen, meist in einem Steuerparadies
Währungsfutures	Devisenterminkontrakte